Rudraksha

Seme di compassione

dott. Nibodhi Haas

Rudraksha
Seme di compassione
dott. Nibodhi Haas

Pubblicato da:
    Mata Amritanandamayi Center
    P.O. Box 613
    San Ramon, CA 94583
    Stati Uniti di America

———————— *Rudraksha (Italian)* ————————

Copyright @ Mata Amritanandamayi Mission Trust,
Amritapuri, Kollam, Kerala 690546, India
Tutti i diritti riservati. Ogni riproduzione, archiviazione,
traduzione o diffusione, totale o parziale, della presente
pubblicazione, con qualsiasi mezzo, con qualsiasi scopo
e nei confronti di chiunque, è vietata senza il consenso
scritto dell'editore.

Prima edizione: marzo 2014

In Italia:
    www.amma-italia.it
    amma-italia@amma-italia.it

In India:
    www.amritapuri.org
    inform@amritapuri.org

Dukhonkicintadurkarde
Bhava bhakti kadilamebhar de
Tava caranomekarumearpan
Tereliyema he ye jivan

Rimuovi, Ti prego,
tutte le mie preoccupazioni e affanni.
Colma il mio cuore di devozione per Te.
AdorandoTi, offro me stesso ai Tuoi piedi.
Madre, questa vita è solo per Te.

Questo libro è frutto dell'ispirazione,
dell'incoraggiamento e della grazia
che fluiscono dalla nostra amata Amma,
Sri Mata Amritanandamayi.
Lo offro umilmente ai Suoi sacri Piedi di loto.

Indice

Sri Mata Amritanandamayi	7
Prefazione	9
Piantare il seme dell'amore	13
L'albero della rudraksha	23
L'Ayurveda	33
Curare con le diverse facce	57
Astrologia della rudraksha	62
Le mukhi della rudraksha (le facce di Dio)	67
La mala di rudraksha	109
La rudraksha nelle scritture	122
Coltivare la rudraksha	134
Acquistare grani di rudraksha	139
Storia di una rudraksha	142
Bibliografia	159

Le informazioni contenute in questo libro hanno unicamente carattere divulgativo, educativo e di intrattenimento. I concetti, le credenze e le formule che riportiamo si fondano sulla pratica millenaria della medicina tradizionale indiana (Ayurveda) e sulla medicina popolare. Non essendo dimostrate scientificamente, queste pratiche non possono sostituire il parere, la diagnosi e il trattamento medico. Se soffrite di una patologia, vi consigliamo di consultare un medico competente.

Sri Mata Amritanandamayi

Attraverso i suoi straordinari atti d'amore e sacrificio, Mata Amritanandamayi, nota anche come Amma, o Madre, è diventata cara a milioni di persone in tutto il mondo. Accarezzando con tenerezza chiunque vada da lei, stringendo ognuno in un abbraccio amorevole, Amma condivide con tutti il suo infinito amore, indipendentemente dalle credenze, dallo status sociale o dal motivo per cui le persone si recano da lei. In questo modo semplice ma potente, abbraccio dopo abbraccio, Amma trasforma la vita di tantissimi individui, aiutando i loro cuori a sbocciare. Negli ultimi trentotto anni, Amma ha fisicamente abbracciato oltre trentadue milioni di persone provenienti da ogni parte del mondo.

Il suo impegno instancabile a favore degli altri ha ispirato una vasta rete di attività umanitarie attraverso le quali tanti hanno potuto scoprire il senso di pace che nasce dal servizio disinteressato. Gli insegnamenti di Amma sono universali; ogni volta che le chiedono quale sia la sua religione, lei risponde che la sua religione è l'amore. Amma non chiede a nessuno di credere in Dio o di cambiare la propria fede, ma di indagare sulla nostra vera natura e di credere in noi stessi.

Fra i tanti progetti umanitari ispirati da Amma vi sono la costruzione di case per indigenti, interventi di soccorso nelle calamità, orfanotrofi, distribuzioni di cibo gratuito, medicine e pensioni per donne in difficoltà, aiuti economici per finanziare i matrimoni di coppie prive di mezzi, assistenza legale gratuita, progetti di sostegno ai detenuti, programmi sanitari (tra cui ospedali multispecialistici e campi medici che offrono assistenza sanitaria a persone indigenti), numerose scuole, università e programmi di formazione.

Per ulteriori informazioni sulle attività umanitarie di Amma, visitate i siti:
www.embracingtheworld.org
o il sito italiano
www.it.embracingtheworld.org

Prefazione

*"La semplice vista dell'orlo del sari dell'amata
ricorda all'innamorato la donna che ama.
Allo stesso modo, la cenere sacra, la
pasta di sandalo e i grani di rudraksha
ci aiutano a ricordare Dio e risvegliano
in noi il ricordo del Sé".*

— *Amma*

*Il cammino della bhakti è un percorso soave.
In questo sentiero non esistono il
chiedere e il non chiedere.
L'ego semplicemente svanisce nel
momento in cui lo tocchi.
La gioia di cercarlo è così immensa
che spontaneamente ti immergi e
nuoti come un pesce nell'acqua.
Se c'è bisogno di una testa,
l'amante offre volentieri la sua.
I poemi di Kabir raccontano i
segreti di questa bhakti".*

— *Kabir*

Il Bhakti yoga è lo yoga della devozione. Si dice spesso che nello yoga, la via che conduce all'unione, questo è il sentiero supremo. Tutte le altre forme di yoga sono considerate un'espressione della devozione perché il cammino dell'amore è il più alto. L'amore del bhakti yoga è un amore puro e disinteressato che nasce dal cuore. Il rapporto che esiste tra il *bhakta* (colui che percorre questo cammino) e Dio o il Guru (maestro spirituale) non può essere espresso a parole.

Amma sottolinea che "Piangere per Dio per cinque minuti equivale a un'ora di meditazione. Se le lacrime non scorrono spontaneamente, cercate di piangere pensando: "Perché non riesco a piangere?" Sforzarsi di sviluppare la devozione è la via più facile e fruttuosa: si può gustare la beatitudine sin dal primo istante. La dolcezza della devozione è incomparabile: una volta assaporata, rifuggiremo dai piaceri del mondo".

I sentieri della bhakti sono tanti quanti può immaginarne il cuore. La bhakti si focalizza sull'apertura del cuore spirituale, come un loto che si apre ai raggi del sole del mattino. La ripetizione del nome di Dio (*mantra japa*), il canto e la preghiera sono le pratiche più comuni perché

Prefazione

ci aiutano a trascendere la mente e a penetrare nella grotta segreta del cuore.

Amma dice: "Cerca di cantare per Dio con infinito amore e devozione, lascia che il cuore si sciolga in preghiera. Sono da commiserare quelli che pensano che piangere per Lui sia un segno di debolezza. Man mano che la cera si scioglie, la fiamma della candela brilla più luminosa. Piangere per Dio ci rafforza, lava via le impurità della nostra mente e l'aiuta a fissarsi senza sforzo nel Suo ricordo".

L'impostazione di questo libro si accorda con il sentiero della devozione. Alcuni concetti esposti qui possono essere nuovi o estranei alla mente occidentale. Molte di queste idee sono fondate sulla fede, sulla devozione e sull'abbandono. Nella cultura vedica tradizionale questi tre elementi sono indissolubilmente legati alla vita. Amma dice: "Se anche tutte le creature del mondo ci amassero, questo amore non sarebbe che una minuscola briciola dell'amore che riceviamo in un solo istante da Dio. Nessun amore è paragonabile all'amore di Dio".

La mia preghiera è che l'amore, la compassione e la grazia di Amma possano essere percepiti attraverso questo libro. Che esso possa risvegliare il nostro amore innato per Madre Natura. Che la grazia di Shiva risplenda su tutti noi.

Sankara Siva Sankara
Sankara Siva Sankara
Omkarapriya sivasankara
Kailasapriya sivasankara
Natajanapriya sivasankara
Siva sankararupa mahesvara

O Shiva, fonte di buon auspicio,
o Grande Dio, incarnazione della benevolenza.
Ami recitare il mantra Om, o Shiva,
incarnazione del monte Kailash,
Signore di tutte le creature,
incarnazione della benevolenza.

Om Namah Shivaya
Omaggi al Signore Shiva

Piantare il seme dell'amore

*"Dovremmo piantare molti
alberi e piante medicinali
perché hanno la capacità di purificare l'aria.
Respirando l'aria che ha sfiorato queste piante,
potremmo prevenire molte malattie".*

– Amma

Per migliaia di anni, induisti, buddisti e taoisti hanno utilizzato la sacra pianta della rudraksha per curare, meditare, controllare lo stress e favorire una trasformazione fisica, mentale e spirituale. In India gli yogi indossano i semi di rudraksha per padroneggiare i sensi e raggiungere uno stato di profonda quiete e concentrazione mentale. In Cina essi vengono utilizzati per equilibrare lo yin e lo yang (Shiva e Shakti) e per armonizzare nell'organismo il *qi*, l'energia vitale conosciuta nell'ayurveda e nello yoga come *prana*. Persino i buddisti zen giapponesi usano i semi di rudraksha per indurre stati di coscienza elevati.

La rudraksha è veramente un albero spirituale. Gli antichi testi vedici affermano che esso

"Come l'aria che sfiora la rudraksha
viene purificata, così il contatto con
la rudraksha purifica la pelle".

– *Amma*

Piantare il seme dell'amore

sia nato dalle lacrime del Signore Shiva. *Rudra* è uno dei nomi di Shiva mentre *aksha* significa 'lacrima' in sanscrito, da cui il nome *rudraksha*. Il nome Shiva significa 'di buon auspicio' e rappresenta l'aspetto della coscienza che coincide con l'Essere Supremo, la Coscienza Assoluta. Il processo ciclico della creazione, mantenimento e dissoluzione dell'universo, che prelude a un altro ciclo e a una nuova creazione, origina dall'Essere Supremo.

La Sua divina danza cosmica di dissoluzione e nuova creazione (*Tandava*) viene spesso associata al processo di distruzione e a Colui che distrugge, ma questa interpretazione nasce dalla mancata comprensione del vero significato del gioco divino di Shiva. È possibile preservare il creato grazie a un delicato equilibrio tra le forze della Realtà e dell'irrealtà. Quando tale armonia è disturbata e non si è più in grado di salvaguardare la vita, il Signore Shiva dissolve l'universo ed entra in un sonno cosmico da cui si desterà solo per dare inizio a un altro ciclo vitale. Questa nuova creazione offre alle anime l'opportunità di affrancarsi dal legame col mondo fisico e di raggiungere la liberazione. Tale ciclo può essere

paragonato al naturale succedersi delle stagioni: senza l'inverno non c'è la primavera, così come il mattino non è tale se non segue la notte.

Questo aspetto di Shiva viene identificato con il Signore della misericordia e della compassione, che protegge l'anima individuale (*jiva*) dal dolore e dalla sofferenza. Nella sua forma compassionevole, Shiva protegge i devoti dalle tendenze negative, come la lussuria, l'avidità, la gelosia e la rabbia, accorda benedizioni, riversa la Sua grazia e risveglia la saggezza interiore.

Il terzo occhio di Shiva

Il 'terzo occhio' di Shiva è considerato l'occhio della saggezza o della conoscenza. Situato tra le sopracciglia, in corrispondenza dell'*ajna chakra*, si ritiene che sia la sede della coscienza divina. Si dice che, quando il terzo occhio si apre, il *jiva* si unisca all'*Atman*, la coscienza universale. L'apertura del terzo occhio rappresenta il risveglio della coscienza individuale alla verità universale; è il risveglio del Sé, detto anche Realizzazione del Sé.

L'anima illuminata percepisce la totalità dell'universo. Shiva è la forma di coscienza più pura e presiede a tutto il creato. Egli è l'origine della creazione, che protegge e dissolve al momento opportuno. Quando è necessario, Shiva assume il *bhava* (umore divino) dello sdegno. In questo stato interiore, il fuoco, simbolo della percezione divina e della discriminazione, scaturisce dal Suo terzo occhio e distrugge tutte le tendenze negative inconsce. Questo atto può essere paragonato al comportamento di una madre che sgrida il figlioletto che sta per toccare il fuoco o si accinge a bere una bevanda dannosa. Soltanto l'amore spinge la madre a urlare, a fingersi arrabbiata per il bene del bambino. Allo stesso modo, Shiva distrugge il veleno delle tendenze egoistiche prima che si manifestino. Il terzo occhio di Shiva si apre per disperdere l'illusione di questo mondo (*maya*), ovvero l'idea della separazione da cui origina la sofferenza. In questo aspetto Shiva è conosciuto come Rudra. Rudra significa "arciere" ed è associato all'atto del "ferire" o di "uccidere". Rudra annienta tutte le tendenze e i pensieri negativi dei suoi devoti.

Piantare il seme dell'amore

Sivayaparamesvaraya
Chandrasekharaya nama om
Bhavayaguna sambhavaya
Siva tandavaya namaom

C'inchiniamo a Shiva, il Signore Supremo,
il cui capo è ornato dalla luna.
C'inchiniamo al Signore che
danza la danza cosmica
e ha tutte le qualità propizie.

Si dice che quando si osserva la rudraksha si stia in realtà guardando il terzo occhio di Shiva. Secondo la tradizione induista, nel momento in cui il terzo occhio del Signore Shiva si aprì, sulla terra nacque la rudraksha. Il frutto è di colore viola-bluastro, simile al colore della carnagione di Shiva nelle raffigurazioni tradizionali. La maggioranza dei semi ha cinque sfaccettature, o facce, che rappresentano i sensi. Si dice che, aprendosi, il terzo occhio di Shiva sprigionò una luce abbagliante che incenerì il desiderio. Allo stesso modo, il desiderio si dissolve quando si apre l'occhio interiore. La rudraksha simboleggia quindi la distruzione dei desideri e il risveglio alla

Verità. La rudraksha a cinque facce rappresenta il superamento dei sensi e la realizzazione del Sé.

Perché dobbiamo trascendere i desideri e i sensi? Perché essi sono la principale causa del dolore e della sofferenza, presenti ovunque nel mondo. Il desiderio è un impulso che genera appagamento o frustrazione: possiamo soddisfare o meno i nostri desideri, ma indipendentemente da dove ci condurranno, saranno sempre seguiti da sofferenza. Se non capiamo questo meccanismo, non saremo in grado di individuare ciò che produce sofferenza e non riusciremo a porre fine al dolore nella nostra vita.

Ogni tradizione spirituale offre una via per uscire da questa sofferenza. Nel testo sanscrito *Anguttara-nikaya*, il Buddha afferma:

Vediyamanassakhopanaham bhikkhave,
Idamdukkhamtipannapemiayam
dukkha-samudayotipannapemi
ayamdukkha-nirodhotipannapemiayamdukkha
nirodha-gamini-patipadatipannapemi.

A colui che meditando sperimenta le sensazioni, insegno la verità della sofferenza (prima nobile verità); insegno la verità sul

sorgere della sofferenza (seconda nobile
verità); insegno la verità sulla fine della
sofferenza (terza nobile verità); insegno
la verità del sentiero che pone fine alla
sofferenza (quarta nobile verità).

In questo passaggio, il Buddha dichiara che le quattro nobili verità possono essere comprese, realizzate e praticate attraverso l'esperienza del *vedana* (sensazione).

Egli illustra le quattro nobili verità alla luce del vedana affermando: *"Yam kincivedayitam, tam pi dukkhasmim"*, "Qualunque sensazione si sperimenti, non è che sofferenza". La natura transitoria della sensazione causa afflizione, non solo quando è sgradevole (*dukkhavedana*) ma anche quando è piacevole (*sukhavedana*) o neutra (*adukkhamasukhavedana*). Tutte le sensazioni nascono e muoiono, l'impermanenza (*anicca*) è la caratteristica di *vedana*. Persino le sensazioni gradevoli, in quanto passeggere, contengono in sé il seme della sofferenza. Siamo talmente immersi nell'ignoranza che quando proviamo una sensazione piacevole, non coscienti della sua natura impermanente, cominciamo a desiderarla e a sviluppare attaccamento. Tale comportamento produce sofferenza (*tanhadukkhassasambhavam*). Il desiderio non solo è l'origine della sofferenza, ma è la sofferenza stessa, il suo presupposto e componente.

Fortunatamente esiste una via per liberarci dal dolore, un sentiero che gradualmente ci conduce a migliorarci. Si ritiene che esso si trovi a metà strada tra l'eccessiva autoindulgenza (edonismo) e l'eccessiva autonegazione (ascetismo) e che conduca ad affrancarci dal ciclo delle reincarnazioni (*samsara*). Il cammino verso la liberazione dalla sofferenza può richiedere molte vite, nelle quali ogni nascita individuale è soggetta a condizionamenti karmici (*samskara*). Mentre progrediamo sul sentiero, i fattori che causano dolore, come il desiderio, l'ignoranza, la delusione, e i loro effetti scompariranno gradualmente.

L'albero della rudraksha

La rudraksha è un albero sempreverde a foglia larga, conosciuto col nome scientifico di *Elaeocarpus Ganitrus Roxb*. Anche il suo seme è chiamato rudraksha. L'albero può crescere al livello del mare e fino a quote di oltre duemila metri. Dal punto di vista geografico, questa pianta cresce spontaneamente nelle zone tropicali e subtropicali, ma vive solo in specifiche aree del pianeta: la regione himalayana del Nepal, lo Sri Lanka, l'India, l'Australia, le Hawaii e

l'Indonesia. Questi alberi, di cui si conoscono trentotto diverse varietà, possono raggiungere un'altezza compresa tra i quindici e i venti metri. Durante la stagione delle piogge, l'albero di rudraksha si copre di piccoli fiori bianchi profumati; le piante di almeno cinque anni di età producono frutti color blu brillante che contengono il seme di rudraksha, la cui superficie è percorsa da scanalature verticali di numero variabile, chiamate facce o mukhi.

Storia e leggenda

"I semi di rudraksha simboleggiano l'abbandono totale. Infilati come perle su un filo, formano una mala. Ciascun seme è infilato in quel filo. Ognuno di noi è una perla nel filo del Sé. Una

L'albero della rudraksha

mala di rudraksha ci ricorda questa verità e ci insegna ad affidarci completamente a Dio".

– Amma

Su nessun albero si raccontano così tante leggende come sull'albero di rudraksha: moltissimi testi sacri lodano le proprietà divine dei suoi semi. Grazie alla loro fibra delicata, questi semi possono essere facilmente incisi e indossati come perle. Una loro importante caratteristica è che possono essere portati liberamente da chiunque, indipendentemente dal proprio credo, culto, etnia, casta o genere. Si dice che chi prega e indossa questi semi attrae la grazia del Signore Shiva. Le rudrakshe vengono impiegate per distruggere le negatività e superare gli ostacoli; si ritiene che non abbiano nessun effetto negativo ma che favoriscano la pace della mente e donino prosperità all'intera famiglia.

Indossarle aiuterebbe a rimuovere gli effetti del karma negativo dovuto ad azioni passate e a progredire più velocemente sul cammino spirituale grazie alle benedizioni di Shiva. Infine, chi le porta raggiunge la pace e la purezza di pensieri, parole e azioni.

Indossare rudrakshe abbinate a perle, oro, argento, cristallo o altre pietre preziose attrae la forza di Shiva. Questi semi non sono graditi soltanto a Shiva ma a tutte le divinità (energie cosmiche divine) che governano i nove pianeti. Quando li indossiamo, ci aiutano a eliminare influenze astrali e planetarie negative e a vincere la paura di una morte prematura, aprendo il cammino a una vita pacifica e armoniosa.

Utilizzati da migliaia di anni a scopi medicinali, astrologici e spirituali e nella celebrazione dei rituali, i semi di rudraksha sono esaltati e glorificati in numerosi scritti. Molti testi tradizionali contengono il racconto di come nacquero le rudrakshe; i più noti sono lo *Shiva Maha Purana*, lo *Shrimad Devi Bhagavatam*, il *Padma Purana*, il *Mahakaala Samhita*, il *Mantramahanava*, la *Rudrakshajabalopanishad* e lo *Shivaswarodaya*.

Divya Varsha Sahasram Tu
Chakshur unmeelitmayaa,
Paschanmaakulkshyah Patita Jalbindavah.
Tatrashrubindto Jaata
Maharudraksh Vriskshkah,
Mamaagyayaa Mahasen
Sarvesham Hitkamyayaa

L'albero della rudraksha

Per mille anni divini chiusi i miei occhi
fino a quando si riempirono di lacrime.
Queste gocce d'acqua che scesero dagli
occhi diedero vita, per mio volere, all'albero
Maharudraksh, per il bene di tutti.

— *Shiva Maha Purana*

Sempre nello *Shiva Maha Purana,* si narra di quando Parvati, la sposa di Shiva, chiese al dio quali fossero le origini della rudraksha. Shiva rispose che, stanco di tenere gli occhi chiusi, li aveva aperti e che alcune lacrime, cadendo sulla terra, avevano generato l'albero della rudraksha, i cui semi erano stati distribuiti come *prasad* del Signore Shiva.

Un'altra leggenda racconta di come Shiva, per il bene di tutti gli esseri viventi, avesse trascorso molto tempo in profonda meditazione. Uscito da questo stato, il dio aveva aperto gli occhi e nel vedere le sofferenze dell'umanità gli erano spuntate delle lacrime; cadute sulla terra, si erano trasformate in rudrakshe. Un altro racconto descrive il dolore di Shiva per la morte di Gauri, la sua sposa. Dopo aver vagato a lungo e invano alla sua ricerca, era scoppiato a piangere e le sue lacrime, scese sulla terra, erano diventate alberi di rudraksha.

Ecco un'altra storia tratta dal *Devi Bhagavat Purana:*

"C'era una volta un demone che grazie a rigorose austerità aveva acquisito molta forza e poteri spirituali *(siddhi)*. Possedere tali poteri aveva accresciuto il suo ego e il suo orgoglio e il demone aveva cominciato a opprimere gli yogi, i veggenti *(rishi)* e gli dèi. Questo demone era così potente da essere invincibile in battaglia.

Utilizzando tre diversi metalli - oro, argento e ferro - aveva costruito tre città indistruttibili, conosciute col nome di Tripura, sulle quali regnava insieme con i suoi due fratelli. In poco tempo tutti avevano iniziato a chiamarlo *Tripurasura*, il demone delle tre città. Tripurasura aveva intrapreso una feroce battaglia contro gli dèi, riuscendo a sconfiggere persino Indra, il loro re, e ad appropriarsi del regno della pace.

Vessati, indifesi e impotenti, gli dèi avevano chiesto aiuto al Signore Brahma che aveva risposto loro che nemmeno lui, il Creatore, poteva vincere Tripurasura in battaglia. Seguendo il consiglio di Brahma, i celesti si erano rivolti

L'albero della rudraksha

allora al Signore Vishnu, che aveva a sua volta rivelato di non essere in grado di battere il demone e li aveva indirizzati al Signore Shiva. Prima che il demone distruggesse ogni cosa, tutti gli dèi, accompagnati da Brahma e Vishnu, erano allora andati dal Signore Shiva, implorando la Sua grazia per vincere Tripurasura.

Gli avevano raccontato la loro triste condizione e Shiva, sempre pronto ad aiutare i Suoi devoti, aveva assicurato loro che avrebbe sconfitto Tripurasura. Il dio aveva ordinato di costruire uno speciale carro mistico: la terra era il carro, il sole e la luna le ruote, Vishnu la freccia all'arco di Shiva e Brahma l'auriga. Appena il veicolo fu pronto, Shiva si recò sul campo di battaglia con Brahma, Vishnu, Indra e gli altri dèi per vincere Tripurasura. Mentre stava per scoccare la freccia, tutti i celesti si raccolsero in preghiera, invocando la grazia e il buon esito della missione. Il Signore Shiva scagliò la freccia, uccise Tripurasura ed espugnò le tre città.

Al termine della battaglia, tutti gli dèi si diressero verso l'Himalaya dove Shiva, chiudendo gli occhi, entrò in meditazione profonda. Al suo risveglio, le lacrime che gli rigavano il volto erano cadute sulla terra, diventando alberi di rudraksha".

Si ritiene quindi che questi semi racchiudano i segreti dell'evoluzione del creato, infusi misticamente per aiutare gli esseri umani. Si crede che questi poteri soprannaturali interagiscano con ogni aspetto dell'esistenza umana, influenzando la nostra salute e la nostra prosperità. Si dice anche che le rudrakshe proteggano e aiutino a realizzare il Sé, liberandoci così da ogni sofferenza. I testi sacri induisti e vedici dichiarano che questi semi dovrebbero essere onorati in quanto essi sono gli elementi più sacri che incarnano la *shakti* (potere spirituale). Le Scritture assicurano che, portandoli, riceveremo benefici spirituali, materiali, astrologici e fisici. La shakti di una rudraksha è legata al numero delle sue facce (*mukhi*), facilmente determinabile contandone i solchi longitudinali. Una rudraksha con cinque solchi è anche chiamata rudraksha a cinque facce o a cinque mukhi.

Per migliaia di anni, gli Yogi e i ricercatori spirituali (*sadhak*) hanno utilizzato questi semi per accrescere il proprio benessere fisico, mentale e spirituale nonché per ottenere l'illuminazione e la liberazione. Lo *Skanda Purana* dice: "Anche se un individuo è in fallo perché non adempie ai propri doveri religiosi quotidiani, verrà assolto da ogni mancanza se porterà su di sé la rudraksha".

Lo *Srimad Devi Bhagavatam* dichiara: "Anche solo toccare o guardare una rudraksha porta beneficio". Nel *Padma Purana* si dice che se si indossa la rudraksha, il merito acquisito compiendo azioni virtuose verrà amplificato un milione di volte. Lo *Shiva Purana* afferma che se una persona non ha ancora raggiunto la liberazione dopo aver meditato e raggiunto la conoscenza, dovrà indossare una rudraksha che eliminerà ogni suo peccato e le consentirà di pervenire allo scopo supremo. Chi indossa una rudraksha di giorno sarà liberato dalle mancanze commesse la notte e chi la indossa di notte verrà assolto dai peccati della giornata".

L'Ayurveda

Cos'è l'Ayurveda?

*"Che l'albero della nostra vita sia fermamente
radicato nel terreno dell'amore.
Che le buone azioni siano le foglie
di quell'albero, le parole gentili i
suoi fiori, la pace i suoi frutti.
Cresciamo e diventiamo un'unica
famiglia unita nell'amore per rallegrarci
e celebrare la nostra unità
in un mondo in cui prevalgano
la pace e la contentezza".*

– Amma

L'ayurveda, sistema di cura olistico originario dell'India dove viene praticato da migliaia di anni, è una scienza antica che ci permette di vivere in armonia con il nostro sé e con l'ambiente che ci circonda. Conoscere l'ayurveda, apre a intuizioni spirituali che ci aiutano a vivere una vita felice, sana e in pace, alla ricerca del fine ultimo della realizzazione del Sé. Questa scienza si basa sulla comprensione che l'intero universo è interconnesso e interdipendente, ne descrive la natura e tutte le sue manifestazioni e insegna come entrarvi in relazione armoniosa.

Ayurveda, ovvero la "conoscenza della vita", è un termine composto da due parole: *ayu*, che significa "vita" e *veda*, "conoscenza". Ayu, la vita, include la totalità dell'essere umano: corpo, sensi, emozioni, psiche/mente, anima e ogni fase dell'esistenza, la nascita, l'infanzia, l'età adulta e anche la vecchiaia e il passaggio nell'aldilà. L'ayurveda offre quindi indicazioni personalizzate per ogni tappa del viaggio della vita.

In generale, questo sistema si propone di fornire linee guida legate all'alimentazione e allo stile di vita, così da conservare o migliorare il proprio stato di salute. L'ayurveda è un insieme di semplici istruzioni pratiche per vivere più a lungo e in uno stato di benessere. Se queste norme vengono osservate, consentono di vivere in armonia con l'ambiente circostante e prevengono l'insorgenza di malattie.

Molti aspetti rendono l'ayurveda un sistema di medicina unico, basato su modelli costituzionali. Anche se i sintomi presenti sono comuni a più persone, le indicazioni proposte possono differire da individuo a individuo. Secondo l'ayurveda esistono tre forze energetiche o *dosha*, che influiscono sulla natura e sugli esseri umani: *vata*, *pitta* e *kapha*. L'universo è composto da cinque macroelementi: etere, aria, fuoco, acqua e terra. Tutta la creazione è una danza o un gioco di questi cinque elementi che interagendo fra loro creano i tre *dosha* o umori corporei, responsabili dei processi biologici, psicologici e fisiologici nel nostro corpo, nella nostra mente e nella nostra coscienza. Quando sono in armonia, rafforzano il nostro equilibrio interno. La parola *dosha* significa, di fatto, "impurità" o "squilibrio".

Un altro aspetto che contraddistingue l'ayurveda è l'importanza attribuita al mantenimento dell'equilibrio dei tre *guna*, qualità universali alla base dei diversi stati mentali. I guna (*sattva*, *rajas* e *tamas*) sono presenti nel cosmo e nell'individuo, all'interno del nostro corpo come nella natura. Inseparabili e concomitanti, si sostengono e si intrecciano continuamente; intimamente connessi come la fiamma, il *ghi* e lo stoppino della lampada, costituiscono la sostanza che forma la *prakriti* (il Divino come

Natura manifesta). Ogni oggetto è una combinazione dei tre guna che agiscono uno sull'altro. La *Chandogya Upanishad* afferma che l'*aum* è la totalità dei tre *guna*. "*A*" è lo stato di sattva, ovvero lo stato di veglia o di coscienza soggettiva rappresentato da *Brahma*, il Creatore; "*U*" è rajas, lo stato di sogno rappresentato da *Vishnu*, Colui che preserva; "*M*" è tamas, lo stato di sonno yogico o consapevolezza indifferenziata rappresentato da Shiva, il Distruttore o il grande Trasformatore. I tre *guna* sono presenti in ogni persona e in genere uno di essi prevale sugli altri. Quando predomina sattva l'individuo è virtuoso e conduce una vita pura e pia, ha un carattere calmo e tranquillo, riflessivo e amante della meditazione. Chi ha una natura rajasica, è appassionato, dinamico e coinvolto in numerose attività mondane. La persona tamasica è oziosa, indolente, pigra, negligente; tamas è una qualità che provoca anche l'illusione o lo smarrimento. *Sattva* rende nobili ed è associata alla natura divina, *rajas* è all'origine dell'egoismo ed è legato alla natura umana, tamas nasce dall'ignoranza ed è connesso con la natura animale. Ad esempio, un saggio o un santo saranno sattvici mentre un soldato, un politico e un uomo di affari saranno rajasici. Noi esseri umani abbiamo la grande benedizione di poter trasformare consapevolmente i *guna* nel corpo e nella mente. Fino a quando non raggiungiamo l'illuminazione non siamo in grado di allontanarli o eliminarli, ma possiamo rafforzarli o indebolirli con l'azione cosciente, la consapevolezza e un certo stile di vita che si esprima attraverso azioni e pensieri adeguati.

Sattva è la pura manifestazione della mente cosmica e individuale, pura luce, *dharma* (retta condotta), consapevolezza, creatività e potere di osservazione, che ci rende capaci di discernere, conoscere e comprendere la Verità. Una natura sattvica esprime pace, armonia, quiete, contentezza, compassione, amore incondizionato, altruismo, devozione e fede. Sattva è equilibrio. Rajas è il principio mobile in continua trasformazione, vitale e attivo, che fornisce l'energia *(shakti)* necessaria a percepire la creazione. L'instabilità della mente, il continuo flusso dei pensieri che vanno da una cosa all'altra sono manifestazioni di rajas, così come lo è l'azione dettata dalla simpatia o antipatia, dall'amore o dall'odio, dall'attrazione o dalla repulsione; è l'energia che osserva e percepisce attraverso l'intelletto. Senza rajas, sattva sarebbe immobile, Shiva rimarrebbe in uno stato beato, statico, meditativo e tranquillo se rajas (shakti) non lo spingesse ad agire. Rajas è necessario per la creazione perché ci consente di sperimentare i sensi, il mondo e la nostra individualità. Rajas è l'energia che ci permette di continuare a muoverci e di saper discernere l'eterno dal non eterno. Quando predomina, sovrasta sattva e tamas.

Parlando di come dovremmo gestire correttamente rajas, Amma dice: "Tutti cercano affannosamente la pace che dovrebbe provenire dall'interno. Come trovarla? Vivendo con la comprensione e praticando il discernimento tra ciò che è eterno e ciò che è passeggero. Non esiste un altro modo. Potremo giungere alla pace solo quando comprenderemo che Dio solo è eterno".

Tamas è inerzia, buio, confusione e *maya* (il potere dell'illusione). Tamas ha una forza distruttiva, è la materia densa dell'universo, è come un mastice che ci induce al torpore, all'apatia e alle azioni insensate, nasce dall'illusione e dalla mancanza di discriminazione. Si dice che il tempo e lo spazio, fenomeni impermanenti, siano governati da tamas. Tamas è anche la decomposizione ed è responsabile del processo della morte e della malattia. Quando è in una condizione di equilibrio, tamas è responsabile della rinascita, è la forza dell'immanifesto che ci richiama al nostro stato originario. Tamas è la caduta delle foglie dagli alberi in autunno; le foglie muoiono, cadono a terra e si decompongono per poter diventare il fertilizzante necessario a una nuova nascita e al rinnovarsi della vita a primavera.

L'ayurveda ha diversi metodi terapeutici tra cui i rimedi a base di erbe e la cura naturale del corpo. Le formule ayurvediche e i prodotti per la cura del corpo vengono tradizionalmente preparati senza l'impiego di sostanze chimiche, pesticidi o diserbanti. L'uso di prodotti naturali è particolarmente importante nella nostra epoca, in cui squilibri e malattie sono spesso causati da una presenza massiccia di prodotti chimici e sostanze di sintesi.

Oggigiorno l'ayurveda è una delle terapie di punta per la salute del corpo, della mente e dello spirito. La sua diffusione ha superato ampiamente i confini tradizionali e sta riscuotendo un sempre crescente interesse nel mondo. Con la sua comprensione della vita e della coscienza, l'ayurveda ha molto da offrire agli individui, alle comunità e al nostro pianeta. In questo nostro tempo, in cui si ha un continuo declino dell'armonia, l'ambiente e Madre Natura hanno sempre più bisogno di aiuto, la terra e l'umanità sono in uno stato di grande squilibrio. Le risorse si stanno rapidamente esaurendo mentre le guerre e le malattie sono in rapida crescita. L'ayurveda rappresenta una soluzione pratica e realistica a molte di queste problematiche. Attraverso una più approfondita conoscenza dei suoi principi, l'uso dei prodotti e delle cure ayurvediche, possiamo contribuire a rendere la terra più armoniosa, avere un corpo più sano e relazioni più positive.

Le proprietà ayurvediche della rudraksha

Rasa (sapore) – Acido
Virya (energia) – Riscaldante
Vipaka (effetto post-digestivo) – Pungente
Guna (Qualità) – Leggera, ruvida

Dosha – Riduce vata e kapha, aumenta leggermente pitta, apporta benefici a tutti i tre dosha.

Per migliaia di anni le rudrakshe sono state utilizzate nella medicina ayurvedica, da sole o in combinazione con altre erbe, per uso interno o esterno. I medici ayurvedici hanno scoperto le loro proprietà energetiche quando vengono indossate: maggiore concentrazione, capacità di focalizzazione e forza mentale. Portando una *mala* (collana o rosario) di rudraksha vicino all'area del cuore si ha una riduzione e regolazione dei livelli di stress e della pressione sanguigna e la persona sperimenta così una sensazione di tranquillità e calma. Questi semi sono un ottimo ausilio nella meditazione e nelle altre pratiche spirituali quali il mantra japa (ripetizione di suoni o sillabe sacre).

Studi scientifici sulla rudraksha

La rudraksha è costituita da carbonio, idrogeno, azoto, ossigeno e da una combinazione di vari oligoelementi. La composizione in percentuale di questi elementi gassosi è stata determinata mediante un analizzatore CHN e la gascromatografia. I semi di rudraksha sono composti da:

50,031% di carbonio, 0,95% di azoto, 17,897% di idrogeno e 30,53% di ossigeno. Contengono inoltre tracce dei seguenti minerali: alluminio, calcio, cloro, rame, cobalto, nichel, ferro, magnesio, manganese, fosforo, potassio, sodio, silice e zinco.

Nella cultura vedica la shakti della rudraksha è un fenomeno spirituale riconosciuto da migliaia di anni. In India, un gruppo di scienziati guidati dal dott. Subas Roy, Ph.D., dell'Istituto di Tecnologia della Banaras Hindu University, ha recentemente condotto una ricerca che dimostra il valore e le virtù di questo seme. Lo studio evidenzia come la rudraksha possegga forti proprietà induttive, paramagnetiche ed elettromagnetiche che variano a seconda del numero delle facce. Essa emette impulsi elettrici specifici, che vengono trasmessi direttamente al cervello attraverso il processo della risposta cutanea riflessa, e stimola particolari centri che trasferiscono le informazioni a livello neurofisiologico. Indossare le rudrakshe migliora ed equilibra l'attività dei neurotrasmettitori e i livelli di serotonina e dopamina.

Alcuni studi hanno riscontrato che, indossandola, il campo energetico della persona migliora e produce benefici effetti a livello fisico e mentale. L'uso della fotografia Kirlian o dell'aura ha confermato tale osservazione.

Un progetto di ricerca, sempre condotto alla Banaras Hindu University, ha dimostrato scientificamente i poteri della rudraksha con risultati riproducibili. Gli scienziati hanno infatti provato che la rudraksha possiede proprietà elettromagnetiche, paramagnetiche, diamagnetiche e una polarità dinamica (capacità di modificare la propria polarità). È stato inoltre accertato che questo seme ha proprietà antinvecchiamento basate sul suo elettromagnetismo.

La ricerca del dott. Roy conferma che i poteri terapeutici dei grani di rudraksha dipendono dalle loro proprietà elettromagnetiche: quando li poniamo sopra il cuore, stabilizzano il battito cardiaco. Come i magneti, le rudrakshe operano secondo il principio della polarità dinamica. Sia la circolazione sanguigna che il battito cardiaco producono automaticamente un campo magnetico intorno al corpo e in particolare vicino alla regione cardiaca. In base alla polarità e all'intensità di questo campo magnetico indotto, i grani di rudraksha trasmettono sottili impulsi induttivi ed elettrici di polarità e intensità opposta. Di conseguenza, sul cuore viene esercitata una forza equilibrante e proporzionale che opera quando la frequenza cardiaca inizia a essere superiore o inferiore al ritmo normale. Tale azione contribuisce ad assicurare una buona circolazione sanguigna.

L'ayurveda illustra le proprietà della rudraksha nella cura e nella prevenzione di molti disturbi. Ad esempio, questo seme protegge da un'eccessiva esposizione alle frequenze elettromagnetiche create da cellulari e altri dispositivi elettronici e dalle conseguenze negative di un ritmo di vita frenetico. Il modo attuale in cui mangiamo, lavoriamo, viaggiamo e ci rechiamo al lavoro comporta un grande livello di stress. Le rudrakshe sono uno schermo che protegge il corpo fisico e quello sottile (*kosha*). I grani di rudraksha hanno molte altre proprietà che possono trasformare positivamente la nostra personalità e il nostro modo di pensare.

I grani di rudraksha possono essere indossati, mentre le foglie, la corteccia e la parte esterna della bacca sono utili per preparare prodotti a base di erbe. Nel 1985, la ricerca del dott. S.P. Gupta ha dimostrato che l'assunzione di polvere di rudraksha può curare l'ipertensione senza dare luogo a nessun effetto collaterale.

Rimedi popolari e tradizionali con la rudraksha

Depurare il sangue e tonificare l'organismo – Portare a ebollizione dell'acqua. Prendere sei parti di acqua, frantumare una rudraksha, immergerla nell'acqua bollente e mescolare regolarmente. Cuocere fino a ridurre a un quarto del volume originale. Se si vuole, si può aggiungere miele grezzo o jaggery (zucchero grezzo indiano) quando il preparato è freddo. Bere quotidianamente il tonico così ottenuto per depurare il sangue e mantenere uno stato di benessere.

Insonnia – Porre le rudrakshe sotto il cuscino oppure fare una pasta con polvere di rudraksha e latte intero e applicarne alcune gocce sulle palpebre prima di coricarsi.

Emorroidi – Interne: mescolare 1/8 di cucchiaino di polvere di rudraksha con ½ cucchiaino di triphala churna e ½ cucchiaino di guggulu. Aggiungere una tazza di acqua bollente. Lasciare in ammollo per una notte intera e bere al mattino al risveglio.

Esterne: mescolare una parte di polvere di rudraksha con quattro parti di triphala e miele grezzo fino a ottenere una pasta. Applicare localmente.

Disturbi dell'apparato digerente – (ittero, disturbi epatici e addominali) – Preparare una tisana da bere regolarmente utilizzando nella stessa proporzione rudraksha, guduchi, chitrak, devadaru, daruharidra, punarnava, bhumiamalaki e katuka.

Memoria e concentrazione – Portare a ebollizione una rudraksha a quattro o sei facce in una tazza di latte. Berla ogni giorno per almeno un mese.

Pressione sanguigna (**regolazione**) – Immergere per una notte una rudraksha a cinque facce in una tazza di vetro o di rame colma d'acqua e bere la bevanda al mattino. Lasciare la rudraksha nella tazza, riempire di nuovo con acqua e bere il liquido la sera.

Ipertensione – Immergere una rudraksha a cinque facce in 90 ml di acqua, aggiungere sette grani di pepe, sette foglie di tulasi, un chiodo di garofano, un seme di cardamomo. Lasciare riposare per cinque ore o per tutta la notte. Filtrare la tisana e berla appena alzati al mattino a stomaco vuoto per almeno due mesi.

Disturbi neurologici – Porre una rudraksha a quattro facce in un contenitore con un litro di latte intero biologico e farla bollire per dieci minuti. Togliere dal fuoco e lasciare intiepidire il latte. Bere a stomaco vuoto e non assumere cibo nella successiva mezz'ora. Ripetere per almeno ventun giorni.

La rudraksha può essere assunta anche nei modi seguenti:

Polvere – Pulire e poi ridurre finemente in polvere una rudraksha. Si possono assumere 300-350 mg al giorno di questa polvere.

Latte – Per ottenere il latte di rudraksha, bollire per 10/15 minuti del latte intero biologico dove avrete posto una rudraksha a quattro o a sei facce. Questo latte può essere dato a chi soffre di disturbi mentali, epilessia, amnesia o grave depressione. Aiuta anche a migliorare le capacità mnemoniche e intellettive.

Bhasma (cenere) – La rudraksha viene bruciata lentamente e a lungo finché non diventa cenere. La *bhasma* può essere consumata con latte, ghi (burro chiarificato) o miele. Per potenziarne gli effetti, aggiungere alla cenere del *madhugrita* (ghi e miele in parti uguali, ½ cucchiaino ciascuno). La cenere ayurvedica classica viene prodotta ponendo il materiale in vasi di argilla chiusi che vengono poi posti sul fuoco usando come combustibile sterco di mucca essiccato.

Proprietà curative e uso terapeutico

Immergere i grani di rudraksha per una notte in una tazza d'acqua di argilla o di terracotta. Per regolare la pressione sanguigna e alleviare disturbi cardiaci, bere regolarmente al mattino appena svegli, a stomaco vuoto, questa bevanda.

Chi soffre di affezioni cardiache dovrebbe indossare una mala di rudraksha a cinque facce. In questo caso i grani devono essere infilati su un filo rosso e devono poggiare sul cuore. Questi tipi di mala si sono dimostrati molto efficaci anche nel trattamento del diabete e dell'insonnia, nei disturbi epatici, nell'emicrania e nelle malattie mentali.

Quando si indossano le rudrakshe per altri scopi terapeutici, si consiglia di infilarle su un filo di metallo che può essere d'oro, di rame, d'argento o di *panchadhatu* (una combinazione di cinque metalli: rame, bronzo, oro, piombo e argento). Le rudrakshe possono essere indossate al polso, sul braccio, al collo, sulla testa, alle orecchie o in altre parti del corpo. Portate intorno alla vita, aiutano ad aprire i chakra e a regolare il prana. Ogni faccia ha proprietà curative specifiche ed effetti terapeutici su tutto l'organismo. Esistono molti testi che descrivono tali benefici. Nel capitolo seguente illustreremo in dettaglio le specifiche proprietà di ogni faccia. Riportiamo ora alcune affermazioni sugli effetti terapeutici di questi semi contenute in testi di ayurveda e di yoga.

La rudraksha è aspra e riscaldante e
quindi controlla vata e kapha. Cura
la cefalea e i disturbi mentali.
   – *Raj-Nighantu*

*La rudraksha è sacra al Signore Neelkantha
(Shiva dalla gola blu); è pertanto pura e
distrugge i demoni (tutte le negatività).*
  — *Nepali Nighantu/Chandra Nighantu*

*La rudraksha è un rimedio efficace contro
la febbre causata da vata e pitta, disturbi
addominali, disturbi mentali, problemi
pressori, disturbi epatici e respiratori.*
  — *Swastha Vitta*

*Le rudrakshe sono indicate nella cura
contro edemi, infezioni, disturbi mentali,
insonnia, cefalea, stress e per ritrovare la
pace; regolano la circolazione sanguigna e
alleviano i disturbi epatici. Sono consigliate
anche per regolare la pressione sanguigna e
curare problemi respiratori e cardiaci.*
  — *Dravya Guna Vigyan*

*Indossare una mala di rudraksha è utile
per regolare la pressione sanguigna,
alleviare affezioni cardiache e mentali.*
  — *Ras Yog Sagar*

La rudraksha ha proprietà riscaldanti ed è un antidoto contro il veleno e le malattie con febbre.
— *Abhinava Nighantu*

Le rudrakshe sono molto efficaci nel trattamento di tumori, problemi della pelle, TBC, epilessia, squilibrio di vata e pitta, ematemesi, tifo, (bollire il seme in acqua e bere la bevanda), tosse (da assumere come polvere con miele o come pasta, ottenuta strofinando la rudraksha contro una superficie dura e pulita).
— *Vana Aushadhi Chandrodaya*

Benefici effetti della mala di rudraksha

1. Si ritiene che chi indossi una mala di rudraksha sul braccio destro o sinistro non sarà colpito da ictus.

2. Una mala di rudraksha a tre o a cinque facce portata in vita, a contatto della pelle, allevia i dolori alla schiena.

3. Una mala di rudraksha a cinque o più facce indossata insieme a una rudraksha a dodici facce può regolare la pressione sanguigna e prevenire disturbi cardiaci.

4. Una mala di rudraksha portata intorno al collo allevia i disturbi della gola come tonsillite o voce roca.

5. Una mala di rudraksha a undici facce indossata sul capo può curare cefalea, emicrania, vertigini, scarsa memoria e malattie da raffreddamento.

6. Per indossare le rudrakshe sulla testa è necessario comporre una corona di 550 grani a quattro e sei mukhi. Questa corona dovrebbe essere portata da chi soffre di problemi mentali acuti poiché dona calma e benessere.

Rudraksha e cura del corpo

1. Per eliminare rughe e occhiaie, applicare sulle parti interessate una pasta di rudraksha ottenuta mescolando polvere di rudraksha con acqua e qualche goccia di lime fresco o succo di limone e tulasi.

2. Per problemi della pelle, applicare sulle parti interessate una pasta ottenuta mescolando la polvere di grani di rudraksha a cinque facce con sterco di mucca e acqua. La pasta così ottenuta può curare tigna, psoriasi, infezioni cutanee ed eczema. (Nota: in passato si usava lo sterco

di mucca perché era puro. Oggigiorno questo sterco può essere molto nocivo perché carico di sostanze tossiche, inquinanti e scarti industriali.)

3. Per preparare una maschera alle erbe per il viso, mescolare polvere di rudraksha e manjistha con miele e ghi. Spalmarla poi sul viso, lasciandola venti minuti, e poi risciacquare.

4. Per rimuovere le rughe, preparare una pasta con la polvere di una rudraksha a otto facce e semi di mandorla uniti ad acqua di rose per uso alimentare. Applicare la pasta sul viso per un'ora e poi risciacquare. Non usare il sapone dopo l'applicazione. Ripetuta per parecchi giorni, darà splendore al viso e appianerà le rughe. Un altro metodo contro le rughe consiste nel preparare una miscela di polvere di rudraksha e arjuna con miele grezzo. La pasta così ottenuta va applicata sul viso e lasciata per un'ora. Risciacquare poi solo con acqua.

Curare le scottature con la rudraksha

1. Mescolare la polvere di rudraksha con olio di cocco e applicare sulla scottatura.

2. Mescolare la polvere bianca di legno di sandalo con polvere di guduchi e rudraksha e

acqua calcarea, che potete ottenere sciogliendo semplicemente un cucchiaio da tavola di calcare in una tazza di acqua. Aggiungete la stessa quantità di olio di cocco e applicate sulla scottatura.

Acqua di rudraksha

Immergere cinque rudrakshe in un quarto di litro di acqua in un recipiente di argilla o rame per circa 24 ore. Toglierle dall'acqua e lasciarle asciugare per due o tre ore. Rimetterle poi nella stessa acqua per altre 24 ore. Successivamente estrarre di nuovo le rudrakshe e bere la bevanda ogni giorno. Questo preparato è utile per controllare la pressione sanguigna, per chi soffre di disturbi cardiaci e migliora la circolazione del sangue. Si possono utilizzare le stesse rudrakshe per un anno intero.

Altri usi

1. Cefalea o emicrania: porre qualche goccia di acqua di rudraksha in ogni orecchio.

2. Infezioni esterne e ferite: l'acqua di rudraksha può essere sia applicata sulla parte interessata sia bevuta regolarmente.

3. Raffreddore e tosse: introdurre l'acqua di rudraksha nelle narici praticando il *jalaneti*, la pulizia ayurvedica del naso.

4. Disturbi agli occhi: instillare un paio di gocce di acqua di rudraksha negli occhi o lavare gli occhi con quest'acqua usando l'apposita coppetta.

Una faccia Due facce Tre facce

Quattro facce Cinque facce Sei facce

Sette facce Otto facce Nove facce

Dieci facce Undici facce Dodici facce

Curare con le diverse facce

Indipendentemente dal numero di facce (*mukhi*), tutte le rudrakshe hanno grandi proprietà curative.

Rudraksha a una faccia: indicata nella cura di asma cronica, tubercolosi, disturbi cardiaci, ansia, paresi, ictus, disturbi agli occhi, dolori ossei e mal di testa.

Rudraksha a due facce: utile nel trattamento di impotenza, insufficienza renale, stress, ansia, isteria, mancanza di concentrazione, depressione, pensieri negativi, confusione mentale, disturbi agli occhi e problemi intestinali.

Rudraksha a tre facce: aiuta a curare depressione, schizofrenia, disturbo ossessivo - compulsivo, sbalzi d'umore, disturbi mentali, astenia, mestruazioni irregolari o dolorose, alterazioni della pressione, febbre, itterizia.

Rudraksha a quattro facce: consigliata per problemi circolatori e respiratori, tosse, asma, disturbi neurologici e amnesie.

Rudraksha a cinque facce: utile per regolare la pressione sanguigna e per affezioni cardiache, stress, disturbi comportamentali, nevrosi, psicosi, accessi d'ira, obesità, diabete, emorroidi.

Rudraksha a sei facce: indicata in caso di epilessia, disturbi neurologici e problemi ginecologici.

Rudraksha a sette facce: aiuta nel trattamento di asma e affezioni respiratorie, mal di gola, impotenza, malattie dei piedi.

Rudraksha a otto facce: dolori addominali, stress, ansia e problemi dermatologici.

Rudraksha a nove facce: aiuta a curare malattie karmiche, idiopatiche e difficilmente curabili.

Rudraksha a dieci facce: aiuta a regolare gli squilibri ormonali che incidono sull'equilibrio psicofisico, indicata nella pertosse e nell'asma.

Rudraksha a undici facce: utilizzata per patologie dolorose come mal di schiena e mal di testa, ma anche per curare dipendenza da alcol o droghe; consigliata nei disturbi epatici.

Rudraksha a dodici facce: indicata in caso di malattie ossee come osteoporosi e rachitismo, debolezza mentale e ansia.

Rudraksha a tredici facce: per curare malattie muscolari come la distrofia muscolare.

Rudraksha a quattordici facce: cura tutti i tipi di patologie, in particolare quelle neurologiche.

Rudraksha a quindici facce: per problemi dermatologici, aborti spontanei ripetuti e casi di morte intrauterina. La rudraksha a quindici facce è considerata particolarmente indicata per la donna che ha gravi problemi di fertilità e concepimento.

Rudraksha a sedici facce: indicata nel trattamento contro la lebbra, la tubercolosi e le malattie polmonari.

Rudraksha a diciassette facce: in caso di malattie neurologiche che possono compromettere le funzioni mnemoniche e motorie.

Rudraksha a diciotto facce: cura e previene disturbi come fragilità mentale e astenia.

Rudraksha a diciannove facce: utile nelle malattie del sangue e nella debolezza della colonna vertebrale.

Rudraksha a venti facce: per problemi agli occhi, avvelenamenti e morsi di serpente.

Rudraksha a ventuno facce: efficace contro ogni male.

Tredici facce

Quattordici facce

Quindici facce

Sedici facce

Diciassette facce

Diciotto facce

Diciannove facce

Venti facce

Ventuno facce

Gauri Shankar

Savar

Trijuti

Rudraksha Gauri Shankan e Garb Gauri Shankar: utile nel trattamento di disturbi sessuali e comportamentali.

Rudraksha di Ganesha: per ogni tipo di disturbo mentale.

Rudraksha Trijuti: per ogni genere di malattia.

Rudraksha Savar: si ritiene che abbia tutte le proprietà delle altre rudrakshe e curi ogni tipo di malattia: fisica, mentale, psichica e spirituale.

Astrologia della rudraksha

*"Dio è in ogni cosa, non solo nell'essere umano.
Dio è nelle montagne, nei fiumi e negli alberi,
negli uccelli e negli animali, nelle nuvole,
nel sole, nella luna e nelle stelle".*

– *Amma*

La rudraksha è utilizzata nel *Jyotish* (l'astrologia vedica, detta anche *scienza della luce*) per rimuovere gli influssi negativi dei pianeti e favorire il progresso spirituale. Esistono ventisette *nakshatras*, o costellazioni. Ciascuna di esse governa uno dei nove pianeti dell'astrologia vedica. Ogni nakshatra è governata da una specifica rudraksha con un determinato numero di facce. In base alle costellazioni, si indossano diversi tipi di rudraksha. Si ritiene che indossarle possa notevolmente favorire le pratiche spirituali.

In base al numero delle facce, una rudraksha è governata da un determinato pianeta che le infonde la propria shakti. È lo stesso principio su cui si basa la gemmoterapia (terapia *ratna*).

L'immenso potere ricettivo della rudraksha agisce da conduttore e da serbatoio di energia:

essa non riceve soltanto energia ma può anche emettere quella stessa energia.

Le antiche Scritture associano ogni rudraksha a un *deva* (dio) o una *devi* (dea). Il deva o la devi sarebbero le divinità tutelari di chi indossa quella rudraksha e proteggerebbero questa persona dalla negatività e dal maligno nella vita.

Stella di nascita	Pianeta dominante	Pietra preziosa	Rudraksha
Ashvini	Ketu	Occhio di gatto	9 facce
Bharani	Venere	Diamante	6 facce
Krittika	Sole	Rubino	1, 11 e 12 facce
Rohini	Luna	Perla	2 facce
Mrgashira	Marte	Corallo rosso	3 facce
Ardra	Rahu	Granato essonite	8 facce
Punarvasu	Giove	Zaffiro giallo	5 facce

Pushya	Saturno	Zaffiro blu	7 facce
Ashlesha	Mercurio	Smeraldo	4 facce
Meagha	Ketu	Occhio di gatto	9 facce
Purva-phalguni	Venere	Diamante	6 facce
Uttara-phalguni	Sole	Rubino	1, 11 e 12 facce
Hasta	Luna	Perla	2 facce
Chitra	Marte	Corallo rosso	3 facce
Swati	Rahu	Granato essonite	8 facce
Vishakha	Giove	Zaffiro giallo	5 facce
Anuradha	Saturno	Zaffiro blu	7 facce
Jyestha	Mercurio	Smeraldo	4 facce
Mula	Ketu	Occhio di gatto	9 facce
Pur-vashadha	Venere	Diamante	6 facce

Astrologia della rudraksha

Utta-rashadha	Sole	Rubino	1, 11 e 12 facce
Shravana	Luna	Perla	2 facce
Dhanishtha	Marte	Corallo rosso	3 facce
Shatabhisha	Rahu	Granato essonite	8 facce
Purvabhadrapada	Giove	Zaffiro giallo	5 facce
Uttarabhadrapada	Saturno	Zaffiro blu	7 facce
Revati	Mercurio	Smeraldo	4 e 7 facce

Rudraksha – Seme di compassione

Segno	Segno zodiacale	Pianeta che lo governa	Rudraksha
1	Mesha (Ariete)	Mercurio	3 e 5 facce
2	Vrishabha (Toro)	Venere	4, 6, 7 facce
3	Mithuna (Gemelli)	Mercurio	4 e 6 facce
4	Kataka (Cancro)	Luna	2 e 3 facce
5	Simha (Leone)	Sole	1, 3 e 12 facce
6	Kanya (Vergine)	Mercurio	4 e 6 facce
7	Tula (Bilancia)	Venere	6 e 7 facce
8	Vrishchika (Scorpione)	Marte	2, 3 e 5 facce
9	Dhanus (Sagittario)	Giove	5 e 12 facce
10	Makara (Capricorno)	Saturno	6 e 7 facce
11	Kumbha (Aquario)	Saturno	6 e 7 facce
12	Mina (Pesci)	Giove	3 e 5 facce

Le mukhi della rudraksha (le facce di Dio)

"Così come la Natura crea le circostanze favorevoli perché dal cocco cresca la palma e dal seme nasca un maestoso albero da frutto, allo stesso modo la Natura crea le condizioni necessarie perché l'anima individuale raggiunga l'Essere Supremo e s'immerga per sempre in Lui".

– *Amma*

Una faccia

Divinità: Shiva
Pianeta dominante: Sole
Costellazione: *Krittika, Uttaraphalguni, Shravana*
Pietra preziosa: rubino

Mantra: Om Hreem Namah (*Shiva Purana*), Om Rudra Namah (*Padma Purana*), Om Om Drushaan Namah (*Mantra Maharnava*), Mahamrityunjai Mantra (*Brahajjalopanishad*), Om Namah Shivaya

Giorno della settimana: lunedì

Organi che la governano: ghiandola pineale, ghiandola pituitaria, ipotalamo

Malattie: malattie del cuore, del sangue, delle vene e degli occhi, emicrania.

Scritture –

Srimaddevibhagavat (Canto 11, cap. 5, versi 25-26): "Secondo Jabala, il desiderio di indossare una rudraksha si manifesta solo dopo aver acquisito una perfetta conoscenza dei Veda e ricevuto la benedizione del Signore Shiva nelle vite precedenti".

Srimaddevibhagavat (Canto 11, cap. 7, verso 23): "Bisognerebbe indossare rudrakshe che siano state benedette con i bija mantra. La rudraksha a una faccia aiuta a ottenere la visione della Coscienza suprema (*Partattva*)".

Padma Purana (Cap. 57, versi 38-39): "La rudraksha a una faccia è potenzialmente Shiva, essa rimuove ogni peccato. Ognuno di noi, quindi, dovrebbe indossarla per raggiungere il paradiso di Shiva e godere della Sua presenza. O Kartikeya, l'uomo otterrà la rudraksha a una faccia grazie ai grandi meriti religiosi acquisiti e al favore di Shiva e raggiungerà il Kailasha".

La rudraksha a una faccia è la più propizia. Essa è l'incarnazione di Shiva, il Creatore del mondo, della parola, della musica, dell'arte, della danza e dei sistemi dell'Ayurveda, dello yoga e dell'astrologia vedica (Jyotish). Le Scritture affermano che nella casa in cui si venera questa rudraksha regneranno sempre pace e gioia e non si temerà la morte. Si ritiene che chi abbia la benedizione di poter portare questo seme sia stato toccato dalla grazia divina. La rudraksha a una faccia aiuta a praticare *dharana*, la capacità di concentrarsi su un singolo oggetto, a distaccarsi dalle cose del mondo e a volgersi naturalmente verso la realizzazione del Sé. Chi riceve questo seme e lo venera ottiene tutti i piaceri terreni senza rimanerne invischiato e progredisce spiritualmente. La rudraksha a una faccia è considerata uno strumento prezioso in medicina perché favorisce il buon esito delle operazioni chirurgiche e una corretta diagnosi.

La rudraksha a una faccia dovrebbe essere incastonata nell'argento o nell'oro e portata attorno al collo; andrebbe inoltre conservata nel luogo di meditazione o preghiera. A scopi astrologici, può essere indossata da chiunque voglia annullare gli effetti negativi del Sole. Accresce la devozione e conferisce piaceri materiali e *moksha* (liberazione).

Due facce

Divinità: Ardhanareeshwara
Pianeta dominante: Luna
Costellazione: *Rohini, Hasta, Shravana*
Pietra preziosa: perla
Mantra: Om Namah (*Shiva Purana*), Om Om Namah (*Mantra Mahranava*), Om Khum (*Padma Purana*), Om Shreem Namah (*Skanda Purana*), Mahamrityunjai Mantra (*Brahajjalopanishad*), Om Namah Shivaya

Le mukhi della rudraksha

Giorno della settimana: lunedì
Organi che la governano: cuore
Malattie: acidità e disturbi gastrici, affezioni cardiache, stress, depressione, isteria.

La rudraksha a due facce rappresenta l'unione di Shiva e Shakti, la Coscienza e l'Energia divine. Benedice chi la indossa conferendogli la consapevolezza dell'unità di tutto il creato. Si ritiene che questo seme doni gli stessi benefici dell'*Agni Hotra* (rituale vedico col fuoco eseguito all'alba e al tramonto) e che allontani dalla mente i pensieri negativi. Consigliata nelle relazioni, la rudraksha a due facce può essere indossata da marito e moglie, genitori e figli e nella relazione Guru-discepolo. Si può portare intorno al collo o porre su una statua di Shiva e Shakti.

Tre facce

Divinità: Agni

Pianeta dominante: Marte
Nakshatra: *Chitra, Shatabhishak, Mrgashira*
Pietra preziosa: corallo rosso, granato essonite
Mantra: Om Kleem Namah (*Shiva Purana*), Om Om Namah (*Padma Purana*), Om Dhum Dhum Namah (*Skanda Purana*), Mahamrityunjai Mantra (*Brahajjalopanishad*), Om Namah Shivaya
Giorno della settimana: lunedì e martedì
Organi che la governano: gola, plesso solare
Malattie: febbre nei bambini, disturbi epatici e biliari, ipertensione, stress, depressione
Scritture -

Shiva Purana Vidyesvara Samhita – "La rudraksha è il seme prediletto dal Signore Shiva e racchiude un grande potere santificante. Guardandola, toccandola e ripetendo il mantra, si viene purificati da ogni peccato. Se dopo aver praticato la meditazione e acquisito la conoscenza (*dhyana* e *jnana*) non saremo ancora pervenuti alla liberazione, allora dovremo indossarla; in tal modo, ogni nostra mancanza svanirà e potremo raggiungere la meta più alta. La rudraksha a tre facce consente di godere dei frutti delle proprie azioni".

Padma Purana – Shiva dice: "La rudraksha a tre facce è il Signore del fuoco; i peccati commessi nelle vite passate vengono bruciati come il fuoco brucia il combustibile. Il saggio ottiene questo risultato e acquisisce la salvezza venerando il fuoco, eseguendo rituali in suo onore o offrendo come oblazione il *ghi*. Colui che indossa la rudraksha a tre facce è considerato Brahma sulla terra; questo seme brucia tutti i peccati generati dalle cattive azioni commesse nascita dopo nascita. Chi lo indossa non soffrirà di malattie addominali o altri mali, sarà invincibile, la sua casa non verrà mai bruciata; non solo otterrà questi frutti, ma non sarà neppure ferito da armi né colpito da eventi infausti".

Rudrakshajabalopanishad – "La rudraksha a tre facce è il Fuoco stesso; indossandola, si propizia il favore della tre divinità del fuoco".

Questa rudraksha rappresenta Agni, il Signore del Fuoco. È un fuoco che arde e consuma ogni cosa, compresi il karma e le tendenze negative. Questo seme rappresenta inoltre i tre guna – *sattva* (purezza), *rajas* (azione) e *tamas* (inerzia) – e aiuta a equilibrare i loro effetti sulla mente. Si dice che indossarlo aiuti a superare le difficoltà e a essere vittoriosi in ogni circostanza. Aiuta a bruciare le tendenze negative di un aspirante spirituale conducendolo alla liberazione finale e alla pace. Dal punto di vista astrologico, la rudraksha a tre facce aiuta a neutralizzare gli influssi negativi di Marte, contrasta la tendenza alla pigrizia e rafforza il corpo e la mente. Dovrebbe essere portata attorno al collo.

Quattro facce

Divinità: Brahma
Pianeta dominante: Giove
Costellazione: *Ashlesha, Jyestha, Revati*
Pietra preziosa: smeraldo
Mantra: Om Hreem Namah (*Shiva Purana*), Om Hreem (*Padma Purana*), Om Hreem Hoom Namah (*Skanda Purana*), Mahamrityunjai Mantra (*Brahajjalopanishad*), Om Namah Shivaya

Giorno della settimana: lunedì e giovedì
Organi che la governano: ghiandole surrenali e cuore
Malattie: reni, tiroide, cervello, disturbi mentali, disturbi della memoria
Scritture -

Il *Mahabharata* dice: "Colui che indossa una rudraksha a quattro facce consegue il *Dwij*, il livello più alto tra i bramini, lo splendore della luna. Egli assume una personalità nuova e un ruolo migliore nella vita".

Questo seme concede la realizzazione dei quattro obiettivi dell'esistenza umana: *artha* (ricchezza), *kama* (desiderio), *dharma* (rettitudine) e *moksha* (liberazione). La rudraksha a quattro facce è benedetta da Brahma, l'aspetto creativo dell'universo nell'induismo, e dona il potere della manifestazione; conferisce saggezza creativa e il potere del pensiero positivo ed è particolarmente indicata per artisti, scrittori, studenti, insegnanti, intellettuali e ricercatori. Questa rudraksha è consigliata anche per i bambini di età inferiore ai sei anni in quanto favorisce una buona salute e una corretta crescita.

Cinque facce

Divinità: Shiva
Pianeta dominante: Giove
Costellazioni: *Purnarvasu, Vishakha, Purvabhadrapada*
Pietra preziosa: zaffiro giallo
Mantra: Om Hreem Namah (*Shiva Purana*), Om Hoom (*Padma Purana*), Om Hreem Hoom Namah (*Skanda Purana*), Mahamrityunjai Mantra (*Brahajjalopanishad*), Om Namah Shivaya
Giorno della settimana: lunedì e giovedì
Organi che la governano: tutti i chakra
Malattie: obesità, diabete, malattie del midollo osseo, del sistema immunitario, del fegato, dei reni, delle gambe, dei piedi e delle orecchie.

La rudraksha a cinque facce è la più comune. Il 95% degli alberi di rudraksha produce semi a cinque facce. Si ritiene che questi semi vincano ogni male e donino pace e gioia. Ricerche scientifiche hanno dimostrato che sono utili per combattere l'ipertensione, lo stress e i disturbi cardiaci. La rudraksha a cinque facce allevia l'influsso negativo di Giove nella carta astrale. Contrasta le tendenze negative e gli istinti animaleschi.

Sei facce

Divinità: Ganesha e Kartikeya (figli del Signore Shiva)
Pianeta dominante: Venere
Nakshatra: *Purvaphalguni, Purvashadha, Bharani*
Pietra preziosa: diamante
Mantra: Om Hreem Hoom Namah (*Shiva Purana*), Om Hoom (*Mantra Maharanava*), Om Hreem Namah (*Skanda Purana*), Mahamrityunjai Mantra (*Brahajjalopanishad*), Om Namah Shivaya

Giorno della settimana: lunedì e venerdì
Organi che la governano: chakra della radice e organi della riproduzione
Malattie: malattie e disturbi sessuali, malattie della bocca, disturbi del collo, ritenzione idrica.

La rudraksha a sei mukhi migliora le abilità artistiche e conferisce capacità oratorie. Potenzia le facoltà mentali, la discriminazione, la capacità di apprendimento, la conoscenza, la saggezza e la forza di volontà. Indicata per chi tiene discorsi in pubblico, come politici e personaggi pubblici. Dona stabilità, agio e ricchezza, aiuta a contrastare peccati legati all'avidità e a un uso scorretto dell'energia sessuale, è utile nei disordini alimentari.

Sette facce

Divinità: Mahalakshmi e le sette Madri (Sapta Matrikas): Brahmi, Maheswari, Kumari, Vaishnavi, Varahi, Indrani e Chamunda

Pianeta dominante: Saturno
Nakshatra: *Anuradha, Uttarabhadrapada, Pushya*
Pietra preziosa: zaffiro blu
Mantra: Om Hun Namah (*Shiva Purana*), Om Hrah (*Padma Purana*), Om Hreem Namah (*Skanda Purana*), Om Hreem Shreem Kreem Soam, Mahamrityunjai Mantra (*Brahajjalopanishad*), Om Namah Shivaya
Giorno della settimana: lunedì e sabato
Organi: pancreas, chiasma ottico
Malattie: malattie sessuali, cardiache, della gola e delle ossa, dolori muscolari, leucemia, stress, depressione.

La rudraksha a sette facce è governata da Mahalakshmi, la devi che dona grande prosperità nella vita materiale e spirituale. Attira buona salute, ricchezza e fama, distrugge la malasorte e accelera il progresso spirituale; mitiga gli influssi negativi di Saturno (*Shanidev*) nella carta astrale, aiuta a superare morte, malattie, povertà, avversità, preoccupazioni, angoscia, perdite, impotenza e ritardo nel raggiungere gli obiettivi. Particolarmente utile a chi è in affari, dona ricchezza.

Otto facce

Divinità: Ganesha
Pianeta dominante: *Rahu*
Nakshatra: *Andra, Swati, Shatabhishak*
Pietra preziosa: granato essonite
Mantra: Om Hun Namah (*Shiva Purana*), Om Sah Hoom (*Padma Purana*), Om Kam Vam Namah (*Skanda Purana*), Om Hreem Shreem Kreem Soam, Mahamrityunjai Mantra (*Brahajjalopanishad*), Om Namah Shivaya
Giorno della settimana: lunedì
Organi che la governano: pancreas, chiasma ottico
Malattie: insonnia, malattie del sistema nervoso, della prostata e della cistifellea

Ganesha è il dio che presiede a questa rudraksha, Colui che aiuta a rimuovere gli ostacoli sul sentiero della realizzazione del Sé. Questo seme mitiga gli influssi negativi di Rahu nella carta astrale. Gli effetti negativi di questo pianeta sono simili a quelli di Saturno (*Shani*) e si manifestano all'improvviso provocando malattie dei polmoni, dei piedi e della cute, cataratta e idrocele. La rudraksha a otto facce protegge dagli influssi e dagli incidenti dovuti a Rahu, come i morsi di serpenti e di ragni. Indossare questa rudraksha dona prosperità alla famiglia, conferisce capacità manageriali, fama e abilità artistiche.

Nove facce

Divinità: Durga
Pianeta dominante: Ketu
Nakshatra: *Ashwini, Magha, Mula*
Pietra preziosa: occhio di gatto
Mantra: Om Hreem Namah (*Shiva Purana*), Om Sum (*Padma Purana*), Om Hun Namah (*Mantra Maharnava*), Om Hreem Veing Yun,

Mahamrityunjai Mantra (*Brahajjalopanishad*),
Om Namah Shivaya
Giorno della settimana: lunedì
Organi: ipotalamo e sistema limbico
Malattie: dolori fisici e lombalgia

La rudraksha a nove facce libera chi la indossa da paure, tensioni e stress. Viene tradizionalmente racchiusa tra due capsule dorate o argentate e infilata su un cordino rosso. Governata dalla grande dea Durga, protegge i devoti della dea e chiunque la indossi e infonde loro energia (*shakti*).

Dieci facce

Divinità: Vishnu
Pianeta dominante: nessuno
Costellazione: nessuna
Pietra preziosa: nessuna

Le mukhi della rudraksha

Mantra: Om Hreem Namah (*Shiva Purana* e *Mantra Maharnava*), Om Ksheem (*Padma Purana*), Mahamrityunjai Mantra (*Brahajjalopanishad*), Om Namah Shivaya

Giorno della settimana: domenica

Organi: cuore

Malattie: insonnia, instabilità mentale, tosse

Scritture –

Shiva Purana Vidyesvara Samhita:

Verso 62: "Anche i devoti di Vishnu e di altre divinità dovrebbero indossare senza esitare questa rudraksha. In particolare, i devoti di Rudra dovrebbero portarla sempre".

Verso 76: "O Mahesani, la rudraksha a dieci facce è il Signore Janardana in persona. O Devasi, indossandola, il devoto realizzerà ogni desiderio".

Srimaddevibhagavat – "La rudraksha a dieci facce è Vishnu e rimuove dispiaceri, avversità planetarie e influssi malefici e protegge dal morso dei serpenti".

Mantramaharnava – "La rudraksha a dieci facce è il nobile condottiero di un esercito, è lo stesso Vishnu, sublima gli effetti negativi dei pianeti e le forze maligne e protegge contro i serpenti". La rudraksha a dieci facce dona enorme potere a chi la indossa. Dovrebbe essere incastonata in oro o argento e portata attorno al collo. Si dice che riequilibri il vata dosha. Indossata per coltivare pazienza e tolleranza, neutralizza gli effetti planetari negativi nella nostra carta astrale. È governata dal Signore Vishnu e dalle Sue dieci incarnazioni divine. Dona protezione ai devoti in qualsiasi direzione essi stiano viaggiando.

Undici facce

Divinità: Hanuman, Rudra
Pianeta dominante: Sole
Costellazione: *Krittika, Uttaraphalguni, Uttarashadha*
Pietra preziosa: rubino
Mantra: Om Hreem Hun Namah (*Shiva Purana*), Om Shreem Namah (*Mantra Maharnava*),

Le mukhi della rudraksha

Om Shreem (*Padma Purana*), Om Room Moom Yoom Aum e Mahamrityunjai Mantra (*Brahajjalopanishad*), Om Namah Shivaya
Giorno della settimana: domenica e lunedì
Organi: sistema nervoso, le principali *nadi* (canali energetici, N.d.T.): *ida, pingala* e *sushumna*
Malattie: acidità e disturbi gastrici, malattie del fegato e dei tessuti mammari

La rudraksha a undici facce è governata dal Signore Hanuman e concede a chi la indossa devozione e un'enorme forza per superare grandi ostacoli. Aiuta a regolare la pressione arteriosa e combatte le malattie. Dona una sensazione di leggerezza. La rudraksha a undici facce conferisce fiducia, intelligenza, forza fisica e mentale, aiuta a superare le tendenze negative e rende virtuosi. Questo seme è considerato la luce di Rudra (Hanuman è l'undicesima forma di Rudra), garantisce successo al devoto e allontana gli spiriti maligni. Può essere indossato attorno al collo oppure posto sullo *shivalingam* o nel luogo in cui si svolgono le pratiche spirituali per garantire il buon esito dello yoga e della meditazione.

Dodici facce

Divinità: Indra, Aditya, Surya
Pianeta dominante: Sole
Costellazione: *Krittika, Uttaraphalguni, Uttarashadha*
Pietra preziosa: rubino
Mantra: Om Kroam Kshoam Roam Namah (*Shiva Purana*), Om Hoom Hreem Namah (*Mantra Mahranava*), Om Hreem (*Padma Purana*), Mahamrityunjai Mantra (*Brahajjalopanishad*), Om Namah Shivaya
Giorno della settimana: domenica e lunedì
Organi: cervelletto, stomaco, esofago
Malattie: disturbi della pressione, degli occhi, dell'intestino e del cuore, diabete, rachitismo, osteoporosi

Possedendo l'energia del sole, la rudraksha a dodici facce aiuta a contrastare tamas, l'inerzia e la letargia fisica e mentale. Illumina la mente di chi la indossa, rende proficui la meditazione e il mantra japa, libera dalla paura del fuoco e delle malattie, conferisce capacità di comando, ispira pubblico rispetto e onore e aiuta a sviluppare forza interiore e autocontrollo. Questa rudraksha dona luminosità alla pelle e lucentezza agli occhi. Secondo la tradizione, incastonata in oro e argento e infilata su un cordoncino rosso dovrebbe essere indossata vicino alla gola o al cuore.

Tredici facce

Divinità: Kamadeva, Indra
Pianeta dominante: Venere
Costellazione: nessuna
Pietra preziosa: diamante
Mantra: Om Hreem Namah Namah (*Shiva Purana*), Om Kshaam Chaum Namah (*Mantra Maharnava*), Om Kshaum (*Padma Purana*), Om

Kshayem Staum Namah (*Skanda Purana*), Om Aim Yaam Aap Namah and Mahamrityunjai Mantra (*Brahajjalopanishad*), Om Namah Shivaya

Giorno della settimana: domenica, lunedì e venerdì

Organi: cervelletto, plesso solare, prostrata, stomaco, esofago

Malattie: disturbi sessuali, malattie mentali, distrofia muscolare

La rudraksha a tredici facce aiuta a riparare ai peccati commessi contro i famigliari, i rishi, gli yogi o il Guru. Chi la indossa raggiungerà il paradiso dopo la morte. Questo seme è governato da Kamadeva e da Indra. Chi lo porta riceverà molti favori dagli dèi: Kamadeva, il dio dell'amore, gli conferirà lusso e bellezza, Indra e tutti gli altri dèi lo benediranno e la dea Lakshmi gli donerà ogni forma di agio e piacere nella vita. La rudraksha a tredici facce arreca successo materiale e perfezione in ogni iniziativa, realizza i desideri e dona compiutezza spirituale. Particolarmente indicata per artisti, attori, musicisti, leader, politici e per chiunque cerchi la ricchezza materiale. Viene tradizionalmente montata su un cordoncino rosso e portata attorno al collo. Tenuta in un luogo dove si svolgono attività economiche, dona successo.

Quattordici facce

Divinità: Shiva
Pianeta dominante: Saturno
Costellazione: nessuna
Pietra preziosa: zaffiro blu
Mantra: Om Namah (*Shiva Purana*), Om Namo Namah (*Mantra Mahranava*), Om Nraam (*Padma Purana*), Om Dum Maam Namah (*Skanda Purana*), Mahamrityunjai Mantra (*Brahajjalopanishad*), Om Namah Shivaya
Giorno della settimana: lunedì
Organi: cuore
Malattie: disturbi cardiaci e del sistema immunitario, debolezza sessuale, debolezza mentale,

stress, ansia, depressione, ulcere, patologie dell'utero, della cute e degli occhi.

Scritture:

Srimaddevibhagavat – "Colui che porta sulla fronte una rudraksha a quattordici facce diventa Shiva, quindi la sua grandezza è indescrivibile. Chi indossa anche un solo seme sulla fronte riceverà gli onori che spettano ai brahmini e agli dèi e raggiungerà la liberazione (*moksha*)".

Padma Purana – "Chi porta sempre sul capo o sul braccio una rudraksha a quattordici facce, che racchiude l'infinito potere di Shiva, è sempre onorato ed è avvicinato dagli dèi per la grandezza di questo merito religioso".

Shiva Purana – "Una rudraksha a quattordici facce è il Supremo Shiva. Dovrebbe essere indossata sul capo con grande devozione".

Mantramaharnava – "Una rudraksha a quattordici facce è lo stesso dio Srikantha. Conferisce moksha a chi la indossa, ai suoi famigliari e antenati". Si dice che questo seme abbia origine dal terzo occhio di Shiva e che aiuti quindi chi lo porta ad aprire il terzo occhio e a svolgere con successo la meditazione e il mantra japa.

Favorisce l'intuizione e altre percezioni sottili, attenua gli ostacoli planetari, in particolare quelli causati dal *Sade Sati* e dal *Kala Sarpa Yoga*. Sade Sati è il temibile periodo di Saturno che dura sette anni e mezzo; nell'astrologia vedica si ritiene che questo sia un periodo travagliato, colmo di difficoltà. Il tempo di Sade Sati comincia quando Saturno entra nel segno zodiacale che precedeva quello della Luna al momento della nostra nascita.

Il Kala Sarpa Yoga si forma quando tutti i pianeti sono situati tra Rahu e Ketu. In astrologia si ritiene che questa quadratura astrale crei effetti malefici e ritardi. Come nel Sade Sati, anche in questo periodo accadono molti eventi infausti. *Kal* significa "oscuro" e *sarpa* significa "serpente". Si pensa che gli influssi negativi di Saturno e i periodi di Kala Sarpa Yoga siano la causa della maggior parte delle difficoltà causate dai pianeti. La rudraksha a quattordici facce aiuta ad alleviare questo tipo di sofferenza.

Quindici facce

Divinità: Shiva/Pashupati Nath
Pianeta dominante: Rahu
Costellazione: nessuna
Pietra preziosa: granato essonite
Mantra: Om Hreem Namah e Mahamrityunjai Mantra (*Brahajjalopanishad*), Om Namah Shivaya
Giorno della settimana: lunedì
Organi: sistema linfatico, gola
Malattie: debolezza generale, debolezza sessuale, disturbi del sistema immunitario

La rudraksha a quindici facce è considerata particolarmente indicata per coloro che svolgono pratiche spirituali o *tapas* (rigorose austerità intraprese per raggiungere uno scopo, tapas significa letteralmente *purificazione attraverso il fuoco*) e aiuta a raggiungere in questa vita la liberazione.

Le mukhi della rudraksha

Pashupati è il Signore degli esseri umani e degli animali. Lo Shivaismo kashmiro afferma che l'anima individuale (*jiva*) è per sua natura infinita, onnipervadente e onnipresente. Tuttavia, a causa delle *vasana*, i jiva sono erroneamente convinti di essere finiti, limitati e ignoranti. Le vasana che vincolano gli individui sono chiamate *paasha* e sono tre: *anava*, *karma* e *maya*. La traduzione letterale di paasha è "fune", la fune che lega. Questa fune è composta da tre fili che sono anava (l'impurità dell'ignoranza), karma (l'impurità delle azioni) e maya (il potere dell'illusione). Questi tre fili legano l'individuo e lo rendono schiavo. Anava è l'energia primaria, inerte, la meno positiva, che provoca l'illusione; essa è la causa prima della schiavitù dell'individuo. Il karma, frutto dei pensieri, delle parole e delle azioni, genera a sua volta merito o demerito e sancisce l'incatenamento alla ruota del ciclo di nascita e morte. Il karma può anche essere attenuato o distrutto. Maya ci fornisce gli strumenti e gli oggetti dell'esperienza e crea l'universo per favorire il nostro progresso, ma a causa dell'ignoranza possiamo utilizzare tutto questo in modo improprio e trasformarlo in un grande ostacolo. Occorre vincere Maya. Lo Shivaismo kasmiro tradizionale afferma che le anime individuali sono legate (*pashu*) dal karma maturato nelle nascite precedenti. La rudraksha a quindici facce, essendo governata dal Signore Pashupati (Shiva), ha la facoltà di liberare il jiva da questi vincoli. Si crede che l'aspirante spirituale (*sadhak*) che indossi questa rudraksha sia aiutato a realizzare la natura del Sé supremo e ottenga la liberazione dal ciclo di nascita e morte. A fini terapeutici, dovrebbe essere indossata da chi sta lottando contro il cancro o malattie considerate incurabili. Favorisce *ojas* (immunità) e apporta un generale benessere. Può essere indossata dai guaritori, in particolare i pranoterapeuti, e viene tradizionalmente incastonata in oro o argento e infilata su un cordoncino rosso.

Sedici facce

Divinità: Shiva (Mahamrityujaya) e Rama
Pianeta dominante: Ketu
Costellazione: nessuna
Pietra preziosa: occhio di gatto
Mantra: Mahamrityunjai Mantra (*Brahajjalopanishad*), Om Namah Shivaya
Giorno della settimana: lunedì
Organi: tiroide, timo, milza e pancreas
Malattie: disturbi endocrini, TBC, malattie polmonari, disturbi energetici (*prana*)

La rudraksha a sedici facce è conosciuta come *Vijaya* (grande vittoria), anche se è spesso chiamata Jai Rudraksha. Questa rudraksha è governata dal Signore Shiva nel Suo aspetto di *Mahamrityunjaya*, il conquistatore della malattia e della morte ed è dedicata al Signore Rama, celebre per la sua forza e la sua fermezza nel *dharma* (verità e rettitudine). A questo seme viene attribuita la facoltà di concedere il dono del *mahakala* (un tempo grandioso, particolarmente fausto); aiuta i devoti a vincere la paura della morte e del tempo e dona l'assenza di paura attraverso la saggezza; protegge contro tutte le malattie, in particolare quelle di natura karmica, dona molta resistenza fisica e protegge contro fragilità fisiche e psichiche. Si pensa che questa rudraksha sia l'incarnazione del Mahamrityunjaya Mantra, il mantra che vince le malattie, la vecchiaia e la morte e che andrebbe recitato ogni giorno. Tradizionalmente incastonata in oro o argento e infilata su un cordoncino rosso, può anche essere tenuta nel luogo dove svolgiamo le nostre pratiche spirituali per favorire il buon esito della meditazione e del japa. Può essere utilizzata come grano del Guru su un rosario da preghiera (*mala*).

Diciassette facce

Divinità: Vishwakarma, l'architetto dell'universo, e la dea Katyayani, un aspetto di Durga
Pianeta dominante: nessuno
Costellazione: nessuna
Pietra preziosa: nessuna
Mantra: Mahamrityunjai Mantra (*Brahajjalopanishad*), Om Namah Shivaya
Giorno della settimana: lunedì
Organi: intestino tenue e polmoni
Malattie: debolezza generale e sessuale, disturbi della memoria, letargia

Vishwakarma è ritenuto Colui che ha progettato il mondo mentre Katyayani è la dea che consente di realizzare *artha*, *kama*, *dharma* e *moksha*. Chi indossa la rudraksha a diciassette facce ottiene successo in ogni impresa, poiché tutti gli ostacoli sono rimossi, e prosperità. Il testo tantrico contenuto nei Purana, il *Katyayani*

Tantra, dichiara che indossare questo seme favorisce l'incontro con un partner spirituale, la nascita di figli spirituali e benessere. Protegge dalle malattie e aiuta a realizzare il Sé in questa vita.

Diciotto facce

Divinità: Bhumi Devi (Madre Terra)
Pianeta dominante: Terra
Costellazione: nessuna
Pietra preziosa: tutte
Mantra: Mahamrityunjai Mantra (*Brahajjalopanishad*), Om Namah Shivaya
Giorno della settimana: lunedì e venerdì
Organi: fegato
Malattie: debolezza degli organi riproduttivi femminili, debolezza mentale e generale, diabete, artrite, paresi

Chi indossa la rudraksha a diciotto facce sentirà di essere nutrito e accudito. Madre

Terra, infatti, nutre tutti i suoi figli e dona loro amore incondizionato. Portandola, risveglierà l'amore infinito che giace addormentato in noi, ci donerà forza, salute eccellente e la guarigione da malattie dovute a una debolezza organica. Si dovrebbe sempre indossare quando si iniziano nuove imprese, incluso il concepimento di un figlio. Come Madre Terra elargisce generosamente i suoi doni, così portare questa rudraksha donerà prosperità materiale.

Diciannove facce

Divinità: Vishnu e Lakshmi
Pianeta dominante: nessuno
Costellazione: nessuna
Pietra preziosa: nessuna
Mantra: Mahamrityunjai Mantra (*Brahajjalopanishad*), Om Namah Shivaya
Giorno della settimana: lunedì

Organi: polmoni, bronchi
Malattie: disturbi respiratori e della pressione, stress, ansia

La rudraksha a diciannove facce è governata da Vishnu e dalla Sua sposa Lakshmi. Si ritiene che chi la indossi non manchi di nulla e sia colmo di grazia. I beni materiali e la realizzazione spirituale sono frutto delle benedizioni di Vishnu e Lakshmi. La rudraksha a diciannove facce allontana le malattie e dona longevità. Viene tradizionalmente indossata da chi cerca il successo negli affari o sta per iniziare una nuova impresa.

Venti facce

Divinità: Brahma
Pianeta dominante: nessuno
Costellazione: nessuna
Pietra preziosa: nessuna

Mantra: Om Hreem Hreem Hum Hum Brahmane Namah e Mahamrityunjai Mantra (*Brahajjalopanishad*), Om Namah Shivaya
Giorno della settimana: lunedì
Organi: ghiandole surrenali
Malattie: ogni tipo di malattia, avvelenamenti, disturbi mentali dovuti ad attacchi psichici

La rudraksha a venti facce dona pace mentale e conoscenza e benedice chi la indossa accordandogli saggezza nella vita ordinaria e in quella spirituale. Aiuta ad aumentare la fede nel Divino e assicura buona salute e successo.

Ventuno facce

Divinità: Kubera, il tesoriere divino
Pianeta dominante: nessuno
Costellazione: nessuna
Pietra preziosa: nessuna

Mantra: Mahamrityunjai Mantra (*Brahajjalopanishad*), Om Namah Shivaya
Giorno della settimana: lunedì
Organi: organi riproduttivi
Malattie: stress, ansia, preoccupazione

Si ritiene che la rudraksha a ventuno facce sia governata dal Signore della ricchezza, Kubera. Indossandola, si otterranno ricchezza e beni materiali, agio, buon cibo e vesti raffinate; saranno soddisfatti i desideri materiali e verranno allontanate le avversità. Chi indossa questo seme non soffrirà di nessuna mancanza nella vita, sarà libero da ogni tensione e sarà felice. La rudraksha a ventuno facce accorda la *bhakti* (devozione) e protegge chi segue il cammino del *Sanatana Dharma* (Verità Eterna). Essa viene incastonata in oro e infilata su un cordoncino rosso.

Le mukhi della rudraksha

La faccia di Ganesha

Divinità: Ganesha
Pianeta dominante: nessuno
Costellazione: nessuna
Pietra preziosa: nessuna
Mantra: Mahamrityunjai Mantra (*Brahajjalopanishad*), Om Namah Shivaya
Giorno della settimana: lunedì
Organi: cervello
Malattie: disturbi mentali e comportamentali

Il Signore Ganesha è noto per concedere il successo e la rimozione degli ostacoli. Allo stesso modo, indossare la rudraksha di Ganesha aiuta chi la indossa a vincere le avversità e ad acquisire saggezza, conoscenza, discernimento e potere. Questo seme presenta una protuberanza che ricorda la proboscide di Ganesha, il dio dalla testa d'elefante che dovrebbe essere onorato per primo in ogni occasione propizia. Chi la indossa raggiungerà la perfezione in ogni ambito della vita.

Gauri Shankar

Divinità: Shiva e Parvati
Pianeta dominante: Luna
Costellazione: nessuna
Pietra preziosa: nessuna
Mantra: Mahamrityunjai Mantra (*Brahajjalopanishad*), Om Namah Shivaya, Om Gaurishankaraya Namah
Giorno della settimana: lunedì
Organi: organi riproduttivi
Malattie: malattie dell'apparato riproduttivo, disturbi comportamentali

La rudraksha Gauri Shankar è molto rara e costosa ed è unica nella sua forma. È composta da due semi che si sono uniti spontaneamente: una metà rappresenta la dea Gauri (Parvati) e l'altra il

Signore Shankar (Shiva). È considerata uno degli strumenti migliori per creare un'atmosfera di pace e di gioia nella famiglia. Si crede che venerando la Gauri Shankar tutti i dolori, le sofferenze e gli ostacoli terreni vengano distrutti e che la pace e la felicità della famiglia siano preservate. Questo seme è utilizzato anche per espandere la propria coscienza. Si dice che chi lo indossa riceverà il dono della consapevolezza, stabilirà più facilmente rapporti armoniosi con parenti, colleghi e superiori, diverrà consapevole delle piante, degli alberi e di tutta la Madre Terra e del suo stesso Sé (Atman). La rudraksha Gauri Shankar sviluppa la tolleranza verso gli altri e al tempo stesso la capacità di osservare le proprie mancanze. Aiuta a comprendere la forza che connette il Sé e l'universo.

Garbh Gauri Shankar

La rudraksha Garbh Gauri è un tipo di Gauri Shankar. Possiamo considerarle quasi identiche: l'unica differenza è che la Garbh Gauri ha un seme molto più piccolo dell'altro. Oltre ad avere tutte le proprietà della Gauri Shankar, la Garbh Gauri aiuta la donna a portare a termine la gravidanza e a partorire senza problemi Per questo viene tradizionalmente consigliata alle donne incinte. Viene indossata anche per assicurare la pace nella famiglia.

Trijuti

Divinità: la Trinità (Brahma, Vishnu e Shiva)
Pianeta dominante: tutti i pianeti
Costellazione: nessuna
Pietra preziosa: nessuna
Mantra: Mahamrityunjaia Mantra (*Brahajjalopanishad*), Om Namah Shivaya
Giorno della settimana: nessuno
Organi: tutti
Malattie: tutte

La Trijuti, chiamata anche Tribhagi o Gauri Path, è una rudraksha composta da tre semi, cresciuti assieme spontaneamente sullo stesso albero, e può avere un qualunque numero di facce. Sostanzialmente, è una rudraksha Gauri Shankar a cui se n'è aggiunta un'altra. Le vere Trijuti sono molto rare, molte di quelle che si trovano in commercio sono fasulle e vengono realizzate tagliando e unendo tre rudrakshe. State molto attenti quando ne acquistate una, dovrebbe essere certificata ed essere stata sottoposta a un esame radiologico che ne confermi l'autenticità. Un'intera foresta di alberi di rudraksha può produrre in molti anni una sola Trijuti. Si ritiene che chi la indossi o ne possieda una sia benedetto con conoscenza, fiducia, personalità divina, salute, ricchezza, potere e pieno controllo dei sensi. Si dice che essa curi mali fisici e interiori.

La rudraksha Savar

La Savar è una delle rudrakshe più rare, possono occorrere anni prima che la pianta ne produca una. È un tipo di rudraksha Gauri Shankar ed è composta da una rudraksha a una faccia unita naturalmente a una normale rudraksha. Viene ritenuta una rudraksha a una faccia. In sanscrito, la parola *savar* significa "cavaliere": la rudraksha a una faccia porta letteralmente in spalla l'altra. Il suo aspetto ricorda la proboscide di un elefante o un bambino che si aggrappa alla mamma. La Savar possiede sia le proprietà della Gauri Shankar che quelle della rudraksha a una faccia. Le vengono attribuiti effetti miracolosi e il potere di donare progresso spirituale e ogni tipo di prosperità a chi la indossa. Alcuni studiosi credono che sia la più indicata per guarire malattie incurabili e indurre stati meditativi profondi.

La mala di rudraksha

Rudraksha Kevalam Vapi Yatra Kutra
Mahamate Sumantrakam Va Mantren
Rahitam Bhava Varjitam Yo Va ko Va
naro Bhaktya Dharyellajjayapi Va Sarvapap
Vinirmukta Samyagjnanam An Vapnuyat

Qualunque sia il modo o attitudine con cui indossiamo le rudrakshe - mentre si recita un mantra oppure no, con o senza uno spirito di devozione o riverenza, in modo discreto o

meno – in tutti i casi, chi le indossa è liberato da ogni peccato e acquisisce la conoscenza.

Quando si riceve un mantra da un Guru, una parte essenziale della propria pratica spirituale diventa la recitazione di questo mantra. La rudraksha è uno strumento importante poiché ci ricorda che attraverso il mantra stiamo cercando di aprire l'occhio interiore della percezione. A proposito del mantra japa, Amma dice::

"L'iniziazione al mantra da parte di un Mahatma contiene anche il sankalpa (intenzione, benedizione divina) del Maestro in modo da trasmettere il suo potere divino nel discepolo. Il mantra conduce alla soglia della realizzazione di Dio, dalla quale si perviene alla meta. Recitare i Nomi divini è la migliore pratica per purificare la mente; se la svolgete ricordando Dio, sperimenterete in poco tempo la calma interiore. Con la ripetizione regolare del mantra, la mente diverrà pura e forte e in grado di affrontare ogni situazione: come un'armatura, il mantra protegge da tutti i pericoli. Il fine ultimo dell'esistenza è la realizzazione del Sé: consapevoli, dovremmo sforzarci di comprendere

la natura passeggera del mondo. Ogni volta che dimentichiamo di pronunciare il nome di Dio ci avviciniamo alla morte, dire parole che non siano il nome di Dio è un invito alla morte. Recitate sempre il vostro mantra, anche mentre vi lavate o siete seduti sulla tazza del water. Vi sono persone che hanno raggiunto la meta semplicemente recitando il mantra".

All'inizio del cammino spirituale il Guru, o il Maestro Spirituale, ci guiderà; man mano che cresciamo spiritualmente, il Guru potrebbe farci richieste sempre più impegnative. Analogamente, un alberello non è ancora in grado di dare ombra, ma quando un giorno diverrà un albero maestoso offrirà refrigerio e ombra a tutti. Questa potenzialità latente è rappresentata dal seme di rudraksha. Attraverso la grazia del Guru, l'aspirante spirituale ha l'opportunità di diventare come un grande albero, fondendosi infine col Maestro e diffondendo luce sul mondo intero.

"Il periodo della sadhana assomiglia allo scalare una montagna, occorrono grande forza ed energia. Gli scalatori usano una corda per arrampicarsi, la vostra unica fune

è il japa. Figli miei, sforzatevi quindi di ripetere continuamente il vostro mantra. Quando raggiungerete la cima, potrete rilassarvi e riposare definitivamente".

– Amma

Il Devi Bhagawat Purana descrive i diversi tipi di mala che possono essere utilizzati per la recitazione del mantra. Il numero complessivo dei grani che compongono questo rosario è significativo: dovrebbe essere 27, 54 o 108 oltre al Guru Bead, o *sumeru*, il grano del Guru. Le costellazioni celesti (*nakshatra*) sono 27. Possiamo suddividere ognuna di queste costellazioni in 4 quadranti (27 x 4 = 108) oppure in 12 parti, che rappresentano i dodici segni zodiacali. Nell'astrologia vedica vi sono 9 pianeti (12 x 9 = 108). Si crede che la mala di 108 grani aiuti a realizzare l'unione del jiva con l'Atman.

Le rudrakshe utilizzabili per la preghiera possono avere dimensioni diverse, dai 3 ai 12 mm di circonferenza. I semi più comunemente utilizzati appartengono alla varietà Ravadar (che significa spinoso), mentre la qualità migliore si chiama Chikna. Le rudrakshe Chikna crescono in Indonesia, sono levigate al tatto e vengono considerate le più propizie e le migliori da indossare o da usare per la preghiera; naturalmente più resistenti delle rudrakshe più grandi, non si deteriorano e si ritiene possano durare centinaia di anni. Esse sono solitamente le più costose; più piccoli sono i semi, maggiore è il loro costo. Pochi sanno distinguere una rudraksha di alta qualità da una di qualità inferiore e ci si potrebbe chiedere perché le chikna abbiano un costo così elevato. Un esperto potrà apprezzare la differenza, mostrando l'uniformità e la levigatezza dei singoli semi. Una mala di rudraksha può includere anche pietre preziose e semi-preziose, in base alla carta astrale di chi la indossa.

Siddha mala

La *Siddha Mala* è costituita da semi di rudraksha diversi tra loro per numero di facce (da 1 a 14) e include anche una rudraksha Gauri Shankar e una rudraksha Ganesha. Il Padma Purana e il Shiva Purana affermano che questa mala è la più propizia da indossare. Si ritiene che essa consenta di acquisire il *mantra siddhi,* il potere spirituale del mantra, e che doni a chi la porta armonia, buona salute e benessere fisico, mentale e spirituale. Si dice che questa mala doni forza e benedizioni a chi la indossa. Può essere infilata su un filo d'oro, d'argento o di *panchdhatu* (lega di cinque metalli: rame, stagno, piombo, zinco e alluminio - N.d.T.), su un filo rosso o un filo di lana.

È possibile portarla durante il culto o la meditazione e si ritiene che essa sia gradita a tutti i pianeti e alle divinità. La Siddha Mala possiede un'energia molto forte e chi la indossa ottiene benefici terapeutici da ognuna delle rudrakshe che la compongono, riuscendo a riportare equilibrio nei *chakra* e nei *dosha*. Alcuni la portano per ottenere i quattro obiettivi della vita umana: *artha*, *karma*, *dharma* e *moksha*.

Dopo essere stata benedetta da un santo, questa mala può essere indossata a contatto con la pelle, posta sullo shivalingam o lavata nelle acque di un fiume sacro come il Gange o lo Yamuna. Il giorno migliore per portarla è il lunedì, oppure un altro giorno della settimana di buon auspicio.

Indra mala

L'*Indra Mala* è costituita da rudrakshe con un numero di facce che vanno da una a ventuno. Questa è la combinazione più rara perché le rudrakshe autentiche con un numero di facce superiore a quattordici sono poche. Oltre al seme con ventuno mukhi, l'Indra Mala contiene le rudrakshe Trijuti, Gauri Shankar e Savar. Si crede che chi indossi questa mala non solo possieda abbondante prana, *tejas* (luce della consapevolezza) e *ojas*, ma che abbia anche ricevuto dal Signore Shiva benedizioni tali da poter superare ogni ostacolo e avere grande successo e pace in questa vita. In passato, solo grandi devoti del Signore Shiva, re e regine, membri della

La mala di rudraksha

famiglia reale o persone estremamente ricche o di grande successo possedevano questa mala. Oggi sono pochissime le persone benedette che la possiedono: un'indagine condotta nel 1989 ha rivelato che solo cinque persone al mondo possiedono un'Indra mala autentica e certificata.

Le antiche Scritture affermano che questa mala rappresenta l'apice del successo materiale e spirituale e che accorda ogni tipo di piacere mondano, felicità e agio e la capacità di affrontare e superare gli ostacoli e gli aspetti negativi della vita. Chi la indossa ha successo in ogni campo. L'Indra Mala protegge la famiglia in cui si trova e viene generalmente tramandata di generazione in generazione. Possedere un'Indra Mala equivale ad avere una magica luce divina che illumina il cammino in tempi oscuri. Antichi testi affermano che possederla equivale a contenere dentro di sé l'intero universo.

Indra, re degli dèi, è il Signore dei tuoni, dei fulmini e della pioggia, che egli usa per distruggere le forze negative. Indra viene personificato come Colui che è dotato di forza divina ed effonde benedizioni su ogni aspetto della vita. Nello Shiva Purana è scritto: "Se uno yogi non ha raggiunto la liberazione dopo aver meditato e acquisito la conoscenza, dovrà indossare delle rudrakshe. In tal modo i suoi peccati saranno rimossi e potrà raggiungere lo scopo supremo". Chi porta l'Indra Mala riceve la benedizione di tutte le divinità a cui sono legate le rudrakshe che la compongono.

La pratica del japa con la mala di rudraksha

"Bisognerebbe recitare il mantra con grande attenzione, concentrandosi sul suono o sul suo significato, oppure visualizzandone ogni sillaba. Mentre recitiamo il mantra, possiamo anche visualizzare la forma della nostra divinità prediletta. Decidere quante volte ripetere il mantra ogni giorno rafforzerà la nostra determinazione nella pratica. Non recitiamolo però distrattamente, solo per raggiungere il numero prestabilito, perché l'importante è che la mente sia concentrata. La mala ci aiuterà a contare più facilmente i mantra e a mantenere la concentrazione".

– Amma

La mala di rudraksha

Quando si vuole recitare il mantra con una mala (*japa*), bisogna sedere in una posizione comoda, con la colonna vertebrale eretta, gli occhi chiusi e la mente focalizzata sul mantra. Il metodo più diffuso è quello di tenere la mala sul dito medio usando il pollice per farla ruotare, scorrendo i grani uno dopo l'altro a ogni respiro e a ogni ripetizione del mantra. Fare japa utilizzando l'indice e il mignolo è considerato infausto, inoltre la mala non dovrebbe mai toccare il suolo durante la recitazione del mantra. Se eseguiamo più di un giro di mala, è importante invertire la rotazione quando arriviamo al *sumeru* (grano del Guru), il 109° grano di una mala che non dev'essere mai oltrepassato. Mentre preghiamo, possiamo tenere la mano destra davanti al chakra del cuore o sul ginocchio destro; la mano sinistra, invece, può riposare in una posizione comoda o, se lo si desidera, assumere la forma del *chinmudra* o del *jnanamudra* (gesti simbolici della mano utilizzati nello yoga). Di norma, per recitare il mantra si utilizza una mala da 108, 27 o 54 grani più il sumeru. Assicuratevi di ripetere il mantra 108 volte o un multiplo di questo numero.

Indossare la rudraksha

Il desiderio di indossare la rudraksha sorge quando si è raggiunta una perfetta conoscenza e si può godere delle benedizioni di Dio acquisite nelle nascite precedenti.

— *Padma Purana*

Indossare i grani di rudraksha ci rammenta che dobbiamo risvegliare la luce interiore, questa è la ragione per cui essi vengono generalmente indossati in una mala da portare vicino al cuore.

Prima di portarli, bisognerebbe eseguire alcune forme di *prana pratistha* per infondere il prana, la forza vitale, nella rudraksha. "Prana pratistha" è un termine vedico che si riferisce a un rituale o a una cerimonia in cui la divinità viene infusa o evocata affinché dimori in una sua *murti* (effigie). In questo caso, la divinità è la stessa rudraksha che diviene molto più propizia se è Amma a toccarla, a benedirla o a mettervela al collo. Potete anche incensare regolarmente la vostra rudraksha o offrirle l'*arati* con una lampada a *ghi* (burro chiarificato) o canfora nel giorno della settimana che la governa. Per trarne il massimo beneficio, dovreste portare sempre la vostra rudraksha. Se avete bisogno di toglierla, ad esempio per fare la doccia o prima di dormire, dovete tenerla vicino a voi o metterla sul vostro altare.

I *Purana* affermano che per acquisire particolari *siddhi* (poteri spirituali) si dovrebbero portare numeri diversi di rudrakshe in più parti del corpo, come la testa, il collo, gli avambracci, i polsi, la vita e l'addome. Quando si indossano delle male su diverse parti del corpo, il numero dei semi che le compongono è molto importante.

Gli *Shastra* e i *Purana* affermano che una mala di rudraksha può essere indossata come corona, orecchini, catenella intorno all'orecchio, braccialetto o cintura. Una persona può indossare un seme sul capo, trecento semi intorno alla testa, trentasei intorno al collo, diciotto a ogni braccio, nove a ogni polso, centootto o cinquantaquattro sul petto e cinquecentoquattro intorno allo stomaco. È anche possibile portare delle male di rudraksha da due, tre, cinque, sette e trentadue semi attorno al collo, una rudraksha a ogni lobo dell'orecchio, sei attorno a ogni orecchio e una sulla fronte.

La rudraksha nelle scritture

Shiva Mahapurana

Mlechkhho Vapi chandalo
Yukto Va sarvapatakai,
Rudraksha Dharayedyastu Sa
Rudra Natra sanshaya

Persino i mlechchha e i *chandala* (empi, intoccabili) e le persone con molti vizi, se indossano la rudraksha e meditano su di essa raggiungeranno la sfera del Signore Rudra. Su questo non c'è alcun dubbio.

Dhyan dharan Henoapi Rudraksham
Dharaya Budhah,
Sarvapap Vinirmukto sa yati Paramam gatim

Indossando una rudraksha, un uomo che medita ed è dotato di perseveranza e un uomo saggio si liberano di tutti i peccati accumulati e raggiungono lo scopo supremo della vita umana.

Vidyesvara Samhita

Panchadevapriyashchaiva sarvadevapriyastatha |
Sarvamantranjapedbhakto
Rudrakshamalaya priye || 61 ||

Shiva disse a Parvati: "Mia amata, si può venerare con la rudraksha qualsiasi divinità. Essa è cara ai cinque dèi (Ganesha, Surya, Devi, Vishnu e Shiva) e a tutti gli altri esseri celesti.

Vishnavadidevabhaktashcha
dharayeyurna samshayaha |
Rudrabhakto visheshena
Rudrakshandharayetsada || 62 ||

I devoti di Vishnu o anche di altre divinità possono portare la rudraksha, non c'è dubbio. In particolare i devoti di Shiva devono indossarla ogni giorno.

Rudraksha vividhaha protastesham
bhedanvadamyaham |
Shrinu parvati sadbhaktya
bhuktimuktifalapradan || 63 ||

Parvati, esistono diversi tipi di rudraksha,
e tutti concedono la salvezza. Ti racconterò
i loro segreti, ascolta con attenzione.

*Ekavaktrah shivah
sakshadbhuktimuktifalapradah |
Tasya darshanamatrena
brahmahatyam vyapohati || 64 ||*

La rudraksha a una sola faccia è Shiva
stesso, accorda il frutto della salvezza
e la liberazione. È sufficiente rivolgerle
un solo sguardo perché rimuova il
peccato di *brahma-hatya*, (l'omicidio
di un brahmino, la colpa più grave).

*Yatra sampujitastatra laxmirdurtara nahi |
Nashyantyupadravah sarve
sarvakama bhavanti hi || 65 ||*

Ovunque si veneri la rudraksha, Lakshmi
non è mai lontana, con la pace ogni paura
cesserà e tutti i desideri saranno realizzati.

*Dvivaktro devadeveshah sarvakamafalapradah |
Visheshatah sa Rudraksho govadham
nashayeddrutam || 66 ||*

La rudraksha nelle scritture

La rudraksha a due facce esaudisce i desideri.
È la forma di Devdeveshwar e redime
dal peccato di aver ucciso una mucca.

*Trivaktro yo hi rudrakshah
sakshatsadhanadah sada |
Tatprabhavadbhaveyurvai vidhyah
sarvah pratishthitah || 67 ||*

La rudraksha a tre facce accorda
immediatamente i frutti della sadhana
e valorizza la conoscenza.

*Charturvaktrah svayam brahma
narahatyam vyapohati |
Darshanatsparshanatsadyas
chaturvargafalapradah || 68 ||*

La rudraksha a quattro facce è la forma
del Signore Brahma. Assolve dal peccato
di avere commesso un omicidio. I frutti
del suo darshan (visione, contatto) sono
connessi alla religione, alla ricchezza, alla
sessualità e alla liberazione (*moksha*).

*Panchavaktrah svayam rudrah kala-
agnir namatah prabhu |*

*Sarvamuktipradashchaiva
sarvakamafalapradah || 69 ||*

La rudraksha a cinque facce è la forma del Signore Kala-Agni Rudra. Dona la completa liberazione e realizza ogni desiderio.

*Agamyagamanam papamabhakshayasya
cha bhakshanam |
Ityadisarvapapani panchavaktro
vyapohati || 70 ||*

I peccati legati all'adulterio e al consumo di cibi impuri sono lavati via dalla rudraksha a cinque facce.

*Shadvaktrah kartikeyastu
dharanaddakshine bhuje |
Brahmahatyadikai: papairmuchyate
natra samshayah || 71 ||*

La rudraksha a sei facce è la forma del Signore Kartikeya. Dev'essere indossata sulla mano destra e può redimere dal peccato di brahma-hatya.

*Saptavaktro maheshani hyanango
nama namatah |*

La rudraksha nelle scritture

---

*Dharanattasya deveshi
daridropishvaro bhawet || 72 ||*

Parvati, la rudraksha a sette facce è la forma di Ananga. Colui che la porta si libera dalla povertà e diviene un dio in terra.

*Rudrakshaschastavaktrashcha
vasumurtishcha bhairava |
Dharanattasya purnayurmrito
bhavati shulabhrit || 73 ||*

La rudraksha a otto facce è la forma di Asthamurthi Bhairav. Indossata, dona lunga vita e permette anche di raggiungere la forma di Trishuldhari Shiva dopo la morte.

*Bhairavo navavaktrashcha
kapilashcha munih smritah |
Durga va tadadhishthatrinavarupamaheshvari
|| 74 ||*

Si dice che la rudraksha a nove facce sia la forma di Bhairav e Kapilamuni. La divinità che la presiede è la dea Durga, la Devi dalle nove forme.

*Tam dharayedwamahaste
rudraksham bhaktitatparah |
Sarveshvaro bhawenunam mama
tulyo na samshayah || 75 ||*

La rudraksha a nove facce deve essere rispettosamente indossata sulla mano sinistra. Chi la porta conseguirà certamente ogni potere e si eleverà al mio piano (di Shiva, N.d.T.).

*Dashavaktro maheshani svayam
devo janardanah |
Dharanattasya deveshi
sarvankamanavapnuyat || 76 ||*

Maheshwari, la rudraksha a dieci facce è la forma del Signore Janardana. Essa porta a compimento ogni impresa.

*Ekadashamukho yastu rudrakshah parmeshvari |
Sa rudro dharanattasya sarvatra
vijayi bhavet || 77 ||*

Parameshwari, la rudraksha a undici facce è la forma di Rudra. Indossandola, un uomo otterrà le qualità di Rudra e trionferà su tutti.

La rudraksha nelle scritture

---

*Dvadashasyam tu rudraksham
dharayetkeshadeshake |
Adityashchiva te sarve dvadashaiva
sthitastatha || 78 ||*

La rudraksha a dodici facce equivale a dwadasaaditya, le dodici forme di Surya, il dio Sole. Questa rudraksha va posta tra i capelli.

*Trayodashamukho
vishvedevastaddharanannarah |
Sarvankamanavapnoti saubhagyam
mangalam labhet || 79 ||*

La rudraksha a tredici facce è la forma di Vishvedeva. Chi la indossa vedrà esauditi i propri desideri e otterrà fortuna e prosperità.

*Chaturdashamukho yo hi
rudrakshah paramah shivah |
Dharayenmurghina tam bhaktya
sarvapapam pranasyati || 80 ||*

La rudraksha a quattordici facce è la forma del grande Shiva. Va rispettosamente indossata sul capo e purifica da ogni peccato.

*Eti rudrakshabheda hi proktta
vai mukhabhedatah |
Tattanmantraanchhrinu pritya krama
achchhaileshvara atmaje || 81 ||*

Parvati, figlia di Giriraj, ho descritto i
segreti delle quattordici rudrakshe.
Ascolta ora i mantra associati a ognuna di esse:
(1) Om hrim namah, (2) Om namah, (3)
Om klim namah, (4) Om hrim namah, (5)
Om hrim namah,(6) Om hrim hum namah,
(7) Om hum namah,(8) Om hum namah,
(9) Om hrim hum namah,(10) Om hrim
namah, (11) Om hrim hum namah,(12)
Om kraum kshaum raum namah,(13)
Om hrim namah, (14) Om namah

*Bhaktishraddha yutashchaiva
sarvakamarthasiddhaye
|Rudrakshandharayenmantrairdevanalasya
varjitah || 82 ||*

Indossando le quattordici rudrakshe,
abbandonando il sonno e la pigrizia
e recitando con devozione i mantra

La rudraksha nelle scritture

sopra esposti, si realizza ogni desiderio
e si ottengono ricchezze.

*Vina mantrena yo
dhatterudrakshambhuvimanavah |
Sayatinarakamghoramyavadindrashchaturdasha
|| 83 ||*

Chi su questa terra indossa la rudraksha
senza recitare il mantra andrà all'inferno
per la durata di quattordici cicli di
Indra oppure di un kalpa (eone).

*Rudrakshamalinam dristva
bhootpretpishachakah |
Dakini shakini chaiva ye chanye
dhrohakaraka || 84 ||*

Fantasmi, spiriti maligni, streghe e simili
entità rifuggono da chi porta una rudraksha.

*Kritimanchaiva
yatkichidabhicharadikancha yat |
Tatsarvam durato yati dristva
shankitavigraham || 85 ||*

Tali demoni, nonché le azioni e i
pensieri ingannevoli, ne avranno
timore e non si avvicineranno.

Rudrakshaamalinam dristva
shivo vishnu: prasidati |
Devi ganapatih suryah
surashchanyepi parvati || 86 ||

O Parvati, i Signori Shiva, Vishnu,
Devi, Ganesh, Surya e gli altri dèi
sono compiaciuti quando vedono una
persona indossare la rudraksha.

Awam gyatva tu mahatmyam
rudrakshasya maheshvari |
Samyagdharyah samantrashcha bhaktya
dharmavivriddhaye || 87 ||

O Maheshwari, conoscendo l'importanza
della rudraksha, bisognerebbe indossarla
metodicamente, con devozione, e recitando
il mantra per rafforzare la fede".

Ityukttamgirijagre hi shivenaparamatmana |
Bhasmarudrakshaamahatmyam
bhuktimuktifalapradam || 88 ||

La rudraksha nelle scritture

Allo stesso modo, l'onnipotente Signore Shiva ha spiegato a Parvati il valore di *bhasma* (cenere sacra ottenuta bruciando lo sterco di mucca) e della rudraksha.

*Shivasyatipriyau gyeyau
bhasmarudrakshaadharinau |
Taddhamaprabhavaddhi
bhuktirmuktirna samshaya || 89 ||*

È importante sapere che chi applica sul corpo il bhasma e porta la rudraksha è molto caro al Signore Shiva.

*Bhasmarudrakshaadhari yah
shivabhaktah sa uchyate |
Panchaksharam japasaktah
paripurnashcha sanmukhe || 90 ||*

Non c'è dubbio che il bhasma e la rudraksha conducano alla liberazione!

Coltivare la rudraksha

*"Chi pianta un albero è un servo di Dio
e porta beneficio a molte generazioni,
volti che non ha mai visto lo benediranno".*
— Henry Van Dyke

Coltivare la rudraksha

Gli alberi di rudraksha crescono rigogliosi nelle zone a clima tropicale e subtropicale. Tuttavia, se accuditi con grande amore e attenzione, possono vivere anche in climi più freddi. Nei suoi primi anni di vita, l'albero di rudraksha necessita di cure premurose, quali un'annaffiatura quotidiana, una protezione dal freddo e dagli insetti e un riparo dalla luce diretta del sole.

Oltre alle condizioni climatiche adatte, per coltivare con successo questi alberi sono importanti la qualità del terreno e l'attenzione prestata durante i primi mesi di germinazione dei semi. Essendo una pianta sempreverde, la rudraksha tende a raffreddare il suolo che la circonda, Richiede pazienza e perseveranza per coltivarla, perché i semi possono aver bisogno di molto tempo per germogliare. A seconda del grado di umidità del terreno, possono occorrere uno o due anni per avere una pianticella. Essendo originario delle aree subtropicali, necessita di una temperatura di 25-30 C° per crescere rigogliosa. Si può coltivare la rudraksha piantando i semi oppure mettendo a dimora un alberello. Tenete presente che non tutti i semi germoglieranno, pertanto è meglio piantarne il maggior numero possibile.

Le principali cause di insuccesso nella coltivazione sono una scarsa qualità dei semi, una piantumazione troppo profonda e un'annaffiatura eccessiva o insufficiente. I semi di rudraksha hanno bisogno di una giusta proporzione di umidità e di aria nel terreno circostante, inoltre germogliano solo a determinate temperature.

Uno dei metodi di germinazione è quello di stendere in un luogo caldo e ombreggiato un metro quadro di tessuto plastificato (ad esempio un sottile telo di stoffa cerata), facendo attenzione che nessuno lo calpesti. Idealmente, i semi andrebbero piantati al chiuso in inverno oppure all'aperto in primavera. Ponete uno strato di circa 2,5 cm di terra sul telo, spargetevi i semi e poi ricoprite il tutto con un altro strato di terra di almeno 1,5 cm. Il suolo dovrebbe essere sempre umido.

Quando i germogli avranno un'altezza di circa 7,5 cm, si possono trapiantare. Estraete delicatamente la piantina assieme al suo pane di terra afferrando lo stelo appena sotto le foglie. Fate attenzione a non danneggiare le radici perché la terra che le avvolge tenderà a sbriciolarsi lasciandole nude. Trapiantate la piantina in un vaso da almeno 2,5 lt. Se gli alberelli sono coltivati in un clima caldo o nel loro habitat naturale, si possono trapiantare non appena saranno alti 20-25 cm; se coltivati in un clima più freddo, occorrerà proteggerli facendoli crescere in un ambiente riparato per almeno due o tre anni prima di trapiantarli all'esterno.

Nei primi due o tre anni, dovremo fare attenzione che il vaso non sia troppo piccolo per evitare che, crescendo, le radici si aggroviglino. Se questo dovesse accadere, prima di mettere gli alberelli a dimora assicuratevi che le radici che avete districato non siano danneggiate e che le piante non ne abbiano risentito. Quando le piantine sono alte circa 5 cm, si possono mettere a dimora. Non scoraggiatevi se vi sembra che un alberello stia seccando. Anche se avete dimenticato di annaffiarlo e sono cadute tutte le foglie, se gli fornirete le giuste cure e l'acqua che gli occorre, potrà ancora riprendersi e mettere nuove foglie.

Quando è il momento di piantare gli alberi di rudraksha, assicuratevi che abbiano a disposizione uno spazio di almeno nove metri quadri. Una pianta adulta raggiunge altezze tra i nove e i ventisette metri. Una parte delle radici crescerà all'esterno, attorno alla base del tronco. Dopo cinque o sette anni, i giovani alberi di rudraksha produrranno i primi frutti e i primi semi; un singolo albero genera semi con un numero variabile di mukhi.

"La vita diventa compiuta quando

l'umanità e la Natura procedono insieme, mano nella mano, in armonia".

– *Amma*

Acquistare grani di rudraksha

Oggigiorno, le imitazioni delle rudrakshe sono molto diffuse, è quindi consigliabile rivolgersi a un venditore fidato per acquistare semi autentici. Le rudrakshe fasulle sono realizzate in India e poi immesse sul mercato indiano e internazionale. Rudrakshe rare come quelle a una faccia possono essere contraffatte, spacciate per autentiche e vendute a un prezzo che può variare tra i 100 e i 50.000 dollari.

Questi semi fasulli si producono intagliando semi di loto, noci di betel, noci moscate, semplice legno o colate di plastica, incollando diverse sezioni di rudrakshe più piccole oppure intagliando una rudraksha che abbia un numero minore di facce. Ad esempio, incidendo otto nuovi solchi su una rudraksha a sei facce, la si può trasformare in una rudraksha a quattordici facce aumentando così il suo valore economico.

Un altro stratagemma è quello di levigare e poi incollare insieme due o tre rudrakshe per realizzare una Gauri Shankar o una rudraksha di Ganesha. Molti di questi semi contraffatti possono essere riconosciuti attraverso un attento esame compiuto da una persona molto esperta che li conosca bene.

Esistono diversi modi per verificare l'autenticità di una rudraksha, ma molti di essi sono controversi e non si possono considerare decisivi. Vi sono però dei metodi attendibili, come per esempio sottoporre le rudrakshe a un esame radiologico (radiografia o TAC). Il numero degli spicchi interni dovrebbe corrispondere a quello dei solchi esterni. Un'alternativa può essere quella di tagliare in due una rudraksha e controllare se le mukhi interne ed esterne combaciano; questo seme, però, non potrà più essere indossato ma solo piantato nel terreno. Prima di acquistare una rudraksha dovremmo accertarci che il seme che stiamo comprando sia originale. Vi suggeriamo di rivolgervi a un venditore autorizzato che possa anche mostrare un certificato di autenticità.

Durante l'acquisto, potremmo avere la possibilità di scegliere tra rudrakshe di diversi colori. Tale differenza è dovuta alla sostanza impiegata per tingerle. Nei tempi antichi si utilizzavano coloranti vegetali come lo zafferano, la curcuma, la polvere di senape gialla, il kumkum e l'ashwagandha, che proteggevano anche i semi dalle formiche e dal deterioramento. Si applicava inoltre dell'olio di senape, di jatamansi e di sandalo per scurirle. Sebbene questi colori naturali siano ancora in uso, alcuni venditori li sostituiscono con coloranti e oli artificiali. In ogni caso, per evitare macchie di olio sui vestiti, è necessario lavare i semi o la mala prima di indossarli. A contatto con la pelle, i semi diventeranno naturalmente più scuri. Se il seme si secca troppo, ungetelo con qualche goccia di olio per nutrirlo e dargli lucentezza.

Storia di una rudraksha

di Lola Sipowicz

La mia storia sulla rudraksha inizia nella primavera del 2004, durante il tour biennale di Amma in Australia. Era la prima volta che facevo volontariato presso lo stand GreenFriends, un'organizzazione ambientalista che si ispira al messaggio d'amore, rispetto e salvaguardia di Madre Natura diffuso da Amma.

Ero al tavolo Green Friends quando, all'improvviso, furono portati cinque meravigliosi alberelli di rudraksha. La persona che li consegnava recava anche un messaggio di Amma: Amma desiderava che gli alberelli giungessero nel suo ashram di Amritapuri.

In passato lei mi aveva già affidato dei vasi di piante chiedendomi di portarli ad Amritapuri. Si trattava generalmente di giovani piante e spesso la loro sorte nel difficile clima dell'India del sud era poco favorevole. Ciò nonostante, seguivo scrupolosamente le indicazioni di Amma per portare gli alberelli sino in Kerala. Più volte mi sono chiesta quale fosse il significato profondo del portarli all'ashram.

Iniziai a pensare a come trasportare queste piante in India e a dove piantarle. Fu proprio in quel momento che venne verso di me un signore amichevole e gentile, dicendomi di essere la persona che aveva donato gli alberi di rudraksha ad Amma.

Si chiamava Richard. Fu molto entusiasta quando seppe che Amma aveva chiesto di portarli in India. Cominciò allora a raccontarmi come, durante un suo viaggio nel sud dell'India di molti anni prima, avesse avuto la sensazione che quello fosse il clima perfetto per coltivare alberi di rudraksha. Ascoltavo con attenzione sebbene fossi piuttosto perplessa: sapevo che le rudrakshe crescono nella regione himalayana e quindi mi era difficile immaginare che potessero adattarsi al clima tropicale dell'India del sud. *'Come possono sopravvivere?'*, pensavo. Decisi però di non dire niente a Richard, era così entusiasta alla prospettiva di far crescere quegli alberi ad Amritapuri! Iniziò persino a darmi precise indicazioni sul loro habitat migliore mentre io mi limitavo ad annuire cercando di condividere la sua l'euforia. Dentro di me, però, continuavo a scervellarmi sul modo di trasportare gli alberelli in India.

Ma non era tutto: Richard voleva condurmi nella foresta di rudraksha e mostrarmi l'ambiente naturale in cui vivevano questi alberi così speciali. Andai allora da Amma a chiederle il permesso, con me sarebbero venute anche altre persone desiderose di conoscere il luogo d'origine di questi alberi sacri. Amma sorrise dicendo che dovevo andare. Ignoravo completamente quale sarebbe stato l'esito di questo viaggio. Com'è una foresta di rudraksha? Non ne avevo alcuna idea, così mi lasciai semplicemente trasportare dalla corrente.

Il giorno seguente, stipati nell'utilitaria di Richard, ci dirigemmo verso una montagna sacra agli aborigeni dell'Australia, mentre Richard condivideva con noi preziose informazioni sugli alberi di rudraksha: ci spiegò che anticamente, quando i continenti erano ancora uniti fra loro, l'India e l'Australia si trovavano l'una accanto all'altra. Per questo motivo, ancora oggi, gli alberi di rudraksha crescono sia in Australia che in India. Gli aborigeni preparano con le loro bacche blu una deliziosa marmellata. Aggiunse inoltre che, in tutto il mondo, molte antiche culture già utilizzavano questi semi per la preghiera o per realizzare gioielli.

Stavo ricevendo una lezione completa su questo albero sacro e, man mano che Richard procedeva nel racconto, avvertivo sempre più la grazia di Amma che ci incoraggiava ad apprendere. La storia che più mi commosse fu quella della nascita dell'albero di rudraksha: furono le lacrime di compassione del Signore Shiva a far germogliare questo albero sacro, le sue lacrime di compassione nel vedere le sofferenze dell'umanità. *'Wow'*, pensai, *'è certamente un albero divino'*. Mi sarei ben presto innamorata di questo albero, che nel frattempo ho imparato a onorare e ad amare come se fosse la mia amata Amma.

Ho sempre amato gli alberi, fin da piccola. Nel cortile dietro casa mia avevo un albero preferito al quale rivolgevo le mie preghiere. Amma dice che la Natura è la forma fisica di Dio. In qualche modo Amma stava attingendo a questo mio legame profondo con gli alberi perché attraverso la natura potessi esprimere la mia devozione per lei. In quel momento mi sentii così felice e grata di poter visitare una foresta così sacra.

Quando l'auto iniziò a inerpicarsi sulla montagna, il tempo cambiò: cominciò a piovigginare e un arcobaleno illuminò l'orizzonte. Avvertivo profondamente la presenza di Amma. Ci addentrammo sempre di più nella foresta finché non svoltammo in un vialetto. Scendemmo dalla macchina e guardammo in alto: eccoli! Ovunque attorno a noi si stagliavano alberi di rudraksha, alti, possenti e rigogliosi.

Fra le piante più giovani scorgemmo una donna molto anziana. *'Chi era questa donna?'*, pensai. I suoi capelli erano bianchi; ci guardò e sorrise mentre, umilmente chinata su queste pianticelle, se ne prendeva cura.

"Amo questi alberi, ho trascorso la mia vita piantandoli. Non so perché, ma lo faccio", disse. Ci accorgemmo che non conosceva nessuna leggenda sacra sugli alberi di rudraksha, quello che la spingeva a piantarli era l'amore per loro.

Richard le parlò di Amma. "Mi piacerebbe incontrarla! Sono contenta che lei voglia piantare questi alberi in India. Per favore, prendetene anche altri", esclamò entusiasta.

Ci fece visitare il terreno. Vedemmo un fiume impetuoso che scorreva con molti alberi di rudraksha che crescevano sulle sue sponde. "Amano l'acqua", disse. "Cadendo dall'albero, i semi rotolano e finiscono nel fiume. Germogliano e crescono dove li porta l'acqua". Ero davvero commossa dalla dedizione di questa donna per questi alberi sacri.

Camminando, ci accorgemmo che il suolo era cosparso di semi. Erano ovunque! Cominciammo a raccoglierli, cercando di scegliere i più belli per realizzare poi delle male. Trascorremmo ore felici alla presenza di quegli alberi.

Si stava facendo tardi e così dovemmo salutare la foresta e l'anziana donna; in cuor mio sapevo però che la foresta sarebbe venuta con noi e che Amma sarebbe stata felicissima di ricevere gli alberi e i semi.

Quell'anno tornammo all'ashram portando con noi trenta alberelli di rudraksha che trapiantammo in vasi di terracotta. In tal modo potevano crescere gradualmente mentre noi cercavamo la loro dimora definitiva.

Nel 2004 lo tsunami colpì le coste meridionali indiane e distrusse i remoti villaggi costieri di pescatori che circondano l'ashram, situato a pochi passi dal Mare Arabico. In poco tempo l'ashram venne invaso dall'acqua che saliva rapidamente. Per sicurezza, tutti si rifugiarono ai piani più alti del tempio e degli altri edifici. Alcuni di noi pensarono agli indifesi alberelli di rudraksha che nei loro vasi sarebbero stati sommersi dall'acqua del mare e così ci precipitammo a salvarli. Salendo i gradini della piccola scala che conduce alla camera di Amma, ponemmo ognuno di questi vasi pesanti davanti alla sua porta: era il rifugio più sicuro.

Dopo lo tsunami, appena la situazione tornò alla normalità e gli alberi cominciarono a essere troppo grandi per i loro vasi, chiesi ad Amma dove avremmo potuto trapiantarli. Con mia sorpresa, mi rispose che voleva che fossero messi a dimora proprio fuori dalla sua stanza.

Come faremo a collocarli tutti in uno spazio tanto piccolo? mi chiesi. In qualche modo riuscimmo a piantare cinque di questi alberi fortunati. Venni poi a sapere che quella notte

Amma era uscita per controllare come stavano. Li chiamava i *suoi* alberi di rudraksha.

Fu in quel periodo che qualcuno arrivò dalle Hawaii con centinaia di semi di rudraksha e li offrì ad Amma: era davvero felice di questo dono! I semi provenivano da una foresta di rudrakshe sull'isola hawaiana di Kauai, che aveva un clima tropicale molto simile a quello dell'ashram. Amma mi chiese di piantare questi semi, ma a quel tempo non sapevo ancora come farli germogliare e così cercai di contattare Richard per scoprirlo. Rispose che era sufficiente interrarli non troppo profondamente mantenendo sempre il terreno molto umido. Mi assicurò inoltre che sarebbero sicuramente cresciuti ma che avrei dovuto aver pazienza: potevano impiegare anche sei mesi per germogliare.

Seguii scrupolosamente le sue indicazioni. Continuai ad aspettare ma non accadde nulla fino all'anno successivo, quando eravamo in tour in Australia. Improvvisamente, durante la cerimonia del Devi Bhava, ricevetti un messaggio da un amico che m'informava che i semi erano germogliati! Andai immediatamente a dirlo ad Amma che sorrise, consapevole dell'accaduto.

Sentii che era stata solo la sua grazia a farli germogliare.

Rientrata all'ashram, corsi a vedere le piantine di rudraksha: dai semi a cinque facce stavano spuntando dei teneri germogli verdi, talvolta da un solo seme spuntavano anche cinque piantine! Erano bellissime! Le portai ad Amma e le chiesi dove avrebbe voluto che le piantassi. Rispose che desiderava che crescessero ovunque, l'ashram avrebbe dovuto essere circondato da questi alberi.

A questo punto avevo duecento pianticelle e un enorme progetto davanti a me. Ero ancora una principiante e non sapevo proprio come procedere, ma mi affidai ad Amma e cominciai a piantare questi alberi sacri. Eravamo nella stagione calda, non certo quella più adatta alla loro piantumazione (l'ho capito dopo, con l'esperienza). Molte persone erano entusiaste all'idea di poter partecipare alla messa a dimora e ben presto gli alberelli furono trapiantati in ogni spazio disponibile.

Il clima torrido e la mancanza di pioggia ci costrinsero ad annaffiare gli alberelli trasportando l'acqua con i secchi. Le rudrakshe amano l'acqua, ne avevano bisogno in grande quantità! Realizzai solo più tardi che è molto più saggio farle crescere durante la stagione delle piogge. Con la grazia di Amma, tuttavia, crescevano; era impressionante vedere a che velocità! E con loro cresceva anche il mio amore per loro.

Qualcuno piantò alcune piantine vicino alla casa dei genitori di Amma; quando suo padre morì, fu celebrata una cerimonia proprio sotto questi alberi! Amma disse che durante la cerimonia continuava a guardare gli alberi per essere sicura che il fuoco rituale non li danneggiasse.

Fu allora che notai che uno degli alberi australiani era piuttosto sofferente. Era stato piantato l'anno prima nel giardino a forma di spirale. Mi sentivo molto triste nel vederlo perdere le foglie, così decisi di prendere della cenere benedetta (*bhasma*) di Amma e spalmarla sull'albero. In pochi giorni si riprese completamente, ora era pieno di vita. Lo raccontai ad Amma che mi disse che a guarirlo non era stata la *bhasma* ma la mia fede. Questa idea mi sembrò davvero interessante e strana. Cominciai a riflettere più profondamente su quello che era accaduto. *Come può la mia fede guarire un albero?* mi chiedevo.

Non avevo una risposta ma ero semplicemente felice che l'albero stesse bene.

L'anno seguente, mentre ero in tour con Amma e ci trovavamo in California, a San Ramon, ricevetti improvvisamente una telefonata: qualcuno voleva spostare gli alberi di rudraksha allontanandoli dalla stanza di Amma. Mi recai subito da Amma con il telefono ancora in mano. Mentre lei parlava all'apparecchio, vidi che era molto contrariata. In qualche modo gli alberi vennero comunque spostati perché qualcuno riteneva che fossero troppo vicini tra loro per poter crescere.

La risposta di Amma fu molto decisa: la richiesta di piantare gli alberi vicino alla sua camera era accompagnata da un suo *sankalpa* (intenzione creativa). Piantare gli alberi con il sankalpa di Amma era come celebrare un *pratishta*, la cerimonia sacra durante la quale si installa una divinità in un tempio. Amma aveva infuso in questi alberi una parte della sua stessa forza vitale, sradicarli voleva dire uccidere una parte di lei. Nell'ascoltare questa conversazione, il nostro cuore era gonfio di dolore, pregai che gli alberi che erano stati rimossi sopravvivessero, anche se, dopo aver ascoltato le parole di Amma, avevo i miei dubbi.

Nonostante questo sfortunato incidente, tutto sembrava procedere bene e riuscimmo a mettere a dimora tutti gli altri alberelli di rudraksha. Era davvero una gioia vederli crescere, e quanto crescevano! In soli cinque anni raggiunsero sei metri d'altezza! Era la prima volta che vedevo una crescita così rapida. Se a quei tempi aveste visitato l'ashram, avreste potuto vederli ovunque. Vegliavano su di noi, ci proteggevano e ci donavano ombra durante il giorno.

Sfortunatamente, poco tempo dopo, la mancanza di discernimento provocò un altro incidente. Stavolta il risultato fu molto peggiore: gli alberi di rudraksha furono abbattuti!

Ricevetti la notizia a San Ramon, durante il Devi Bhava. Stava piovendo e la persona al telefono parlava in modo così concitato che mi era difficile capire ciò che diceva. Infine sentii le parole: "Stanno tagliando gli alberi di rudraksha! Devi dirlo immediatamente ad Amma altrimenti ne taglieranno altri!". *Come? Come hanno potuto farlo?* Andai da Amma il più velocemente possibile. In realtà, nessuno voleva comunicarle la notizia perché sapevamo che la sua risposta sarebbe stata molto energica. Erano i *suoi* alberi. Come potevano fare una cosa simile? In quel momento il mio cuore era molto pesante, mi sentivo profondamente triste per la terra. Amma stava prendendo su di sé la tristezza della terra? Tutti i giorni, ogni secondo, moltissime piante vengono abbattute! Esse sono la nostra stessa vita, come può l'umanità sopravvivere senza di loro? Avrei voluto morire all'istante.

Non appena comunicammo ad Amma la terribile notizia, sembrò molto turbata. Chiese di parlare con chi aveva abbattuto gli alberi. Aveva un tono molto accalorato, era evidente che era profondamente addolorata da quanto successo. Disse loro che non voleva neppure ritornare all'ashram e che per lei quegli alberi erano più importanti della sua stessa vita.

Col cuore gonfio di dolore rientrammo all'ashram, Amma non fece molti commenti sull'accaduto. Mi recai nel luogo in cui gli alberi erano stati tagliati: sembrava un cimitero e tutte le piante intorno avevano un'aria molto triste. Questi alberi sono uniti tra loro, crescono insieme come una famiglia. *Come andremo avanti ora?* mi domandavo.

Donai il mio amore a quelli sopravvissuti e rivolsi una preghiera a Madre Natura e ad Amma chiedendo di perdonarci tutti, perché in qualche modo ognuno di noi stava distruggendo questa terra. In quel momento non desideravo altro che abbandonarmi alla Natura e fare del mio meglio per aiutare a ripristinare l'armonia perduta che vediamo tutt'intorno a noi. Il delicato equilibrio della Natura sembra sgretolarsi molto velocemente. Le parole di Amma risuonavano nelle mie orecchie: "L'armonia della Natura è già perduta", diceva. Ero molto amareggiata, quando mi ricordai improvvisamente dell'albero di rudraksha malato e di come Amma avesse detto che era stata la mia fede a guarirlo. Nel mio cuore si accese un barlume di speranza che mi ricordava il potere che è in tutti noi. Se abbiamo la fede che il pianeta possa guarire, senz'altro accadrà. Però dobbiamo agire in fretta, stiamo perdendo del tempo prezioso!

Dove c'è la morte, c'è sempre una nuova vita. Quando ritornammo in Australia ero decisa a prendere altri alberi di rudraksha. Volevo piantarne altri ed ero certa che Amma fosse d'accordo. Alcuni di noi si recarono nella foresta di rudraksha e raccolsero centinaia di semi da terra.

Amma mi disse che voleva piantare altri cento alberi di rudraksha! Magnifico! Dubitavo che ora qualcuno avrebbe di nuovo abbattuto un albero di rudraksha! Avevamo dunque un'altra occasione per servire Amma, prendendoci cura di Madre Natura sotto forma della sacra rudraksha.

Mentre eravamo ad Amritapuri, un giorno un ragazzo venne da me correndo e mi disse di aver trovato un seme di rudraksha! Per poco non caddi dall'emozione. *Dove? Come? Davvero?* Erano trascorsi solo sei anni da quando avevamo piantato gli alberi e di norma ci vogliono sette anni perché diano dei frutti. Velocemente il ragazzo mi condusse verso l'albero da cui pensava provenisse il seme che aveva trovato. Alzai lo sguardo e i miei occhi si riempirono di lacrime: appesi ai rami dell'albero c'erano frutti di un bel blu brillante. Corsi verso l'albero per abbracciarlo e baciarlo. *Oh, quest'albero stava dando frutti!* Non ci potevo credere! Dovevo andare subito da Amma e mostrarglielo.

Un amico si arrampicò sull'albero, colse alcuni frutti e poi insieme ci recammo da Amma mentre dava il darshan. Ero troppo emozionata per rimandare e così le porgemmo le bacche blu. Era estasiata! Le mostrò a tutti spiegando che era stata la grazia di Dio a permettere a questi alberi di crescere in quel luogo poiché crescono solo sull'Himalaya. Ci disse di raccogliere quanti più semi possibile.

Seguimmo le sue indicazioni e decidemmo di realizzare un braccialetto per Amma con quei semi.

Lo preparammo durante il darshan e glielo mettemmo al polso. Lo portò per diversi giorni, spiegando alle persone che quel bracciale era stato fatto con il suo albero di rudraksha. Disse inoltre che era sempre stato un suo sogno quello di indossare un braccialetto fatto con i semi del suo albero. Amma ci disse che avremmo dovuto far crescere altri alberelli dai semi di quell'albero.

In quel momento pensai a Richard, al suo desiderio di far crescere un albero di rudraksha qui nell'ashram, e di come sarebbe stato felice di sapere che questo sogno si era realizzato.

Purtroppo il suo corpo ci ha lasciati ma sono certa che la sua anima è qui tra questi alberi.

Quando pianto degli alberi, penso spesso alle parole di Amma: "Se non abbiamo compiuto nessuna azione disinteressata, dovremmo piantare un albero o un alberello; questa sarebbe una vera azione altruista che gioverebbe agli altri e a noi stessi". La mia sola preghiera è che le mie mani siano sempre nella terra, al servizio della sacra Madre Natura, che è in realtà la nostra amata Amma.

Rudraksha Ki Jai!

Bibliografia

Bhatia, Narain. *Rudraksha*. Central Chinmaya Mission Trust, Mumbai, India.

Bhatia, Pravin S. R. *Numerology, Gemology and Rudraksha*. India: UBS Publishers' Distributors Ltd. 2000.

Bhuyan, Putul, Khan, M. L. & Tripathi, R. S. (2000) Regeneration status and population structure of rudraksha (Elaeocarpusganitrus Roxb.) in relation to cultural disturbances in tropical wet evergreen forest of Arunachal Pradesh. *Current Science*, 83(11): 1391- 1394.

Cole, Sebastian. Ayurvedic Medicine: The Principles of Traditional Practice. Philadelphia, Pa: Elsevier, Ltd. 2006.

Hari, T. S. V. Rudraksha: the Eyes of Rudra (eBook).

Lad, Dr.Vasant. *Ayurveda: The Science of Self-Healing*.Twin Lakes, WI: Lotus Press 1984 (Ayurveda. La scienza dell'autoguarigione. Il Punto d'Incontro,1993).

Nibodhi. Health and Consciousness through Ayurveda and Yoga. Mata Amritanandamayi Mission Trust 2012.

Pandey, V. B. & S. K. Bhattacharya. (1985). Scientific appraisal of rudraksha (Elaeocarpusganitrus):

chemical and pharmacological studies. *Journal of Research and Education in Indian Medicine,* 4, 1/2, 47-50.

Panduranga Rao, J. I. & Sathyanarayana Swamy, K.

Rudraksha therapy for perfect health. *International Institute of Ayurveda AVR Educational Foundation of Ayurveda,* 1995.

Parthasarathy, Vanamala. Rudraksha. *Tattvaloka: The Splendour of Truth* (Feb/Mar 1993).

Rudra Centre. *Rudraksha and Ratna.* Rudra Centre, Maharashtra, India

Rudra Centre. *Gems and Rudraksha,* Rudra Centre, Maharashtra, India

Seetha, Kamal Narayan. *The Power of Rudraksha.* India: Jaico Publishing House 2008.

Singh, R. K., Acharya, S. B. & Bhattacharya, S. K. Pharmacological activity of Elaeocarpussphaericus. *Department of Pharmacology, Institute of Medical Sciences, Banaras Hindu University,* Varanasi, India.

Subas Rai. Rudraksa Properties and Biomedical Implications. 2000.

Swarnalatha Rudraksam, N. (Oct 2000). *Journal of Sukrtindra Oriental Research Institute,* Vol. II, No. 1.